J. R. Bonavita · Jorge Duro

Marketing para não marqueteiros

*Introdução ao marketing
para profissionais em
mercados competitivos*

3ª edição revista e atualizada

- Empresários
- Médicos
- Dentistas
- Engenheiros
- Arquitetos
- Atletas
- Professores
- Advogados
- e Afins

Editora Senac Rio de Janeiro – Rio de Janeiro – 2013

Marketing para não marqueteiros: introdução ao marketing para profissionais em mercados competitivos
© J. R. Bonavita e Jorge Duro, 2001.

Direitos desta edição reservados ao Serviço Nacional de Aprendizagem Comercial – Administração Regional do Rio de Janeiro.

Vedada, nos termos da lei, a reprodução total ou parcial deste livro.

SISTEMA FECOMÉRCIO-RJ
SENAC RIO DE JANEIRO

Presidente do Conselho Regional
Orlando Diniz

Diretor-Geral do Senac Rio de Janeiro
Eduardo Diniz

Conselho Editorial
Eduardo Diniz, Ana Paula Alfredo, Marcelo Loureiro, Wilma Freitas, Manuel Vieira e Elvira Cardoso

Editora Senac Rio de Janeiro
Rua Pompeu Loureiro, 45/11º andar
Copacabana – Rio de Janeiro
CEP: 22061-000 – RJ
comercial.editora@rj.senac.br | editora@rj.senac.br | www.rj.senac.br/editora

Publisher: Manuel Vieira
Editora: Elvira Cardoso
Produção editorial: Karine Fajardo (coordenadora)
Camila Simas, Cláudia Amorim, Jacqueline Gutierrez e Roberta Santiago (assistentes)
Projeto gráfico: Matiz Design Gráfico
Revisão: Isabella Leal
Ilustrações: Reinaldo Lee

4ª reimpressão da 3ª edição revista e atualizada: julho de 2013
Impressão: Finaliza Editora e Indústria Gráfica Ltda.

CIP-BRASIL. CATALOGAÇÃO NA FONTE
SINDICATO NACIONAL DOS EDITORES DE LIVROS, RJ

B691m
3.ed.

Bonavita, José Ricardo, 1959-
   Marketing para não marqueteiros : introdução ao marketing para profissionais em mercados competitivos / J. R. Bonavita, Jorge Duro. – 3.ed. rev. e atual. – Rio de Janeiro : Ed. Senac Rio de Janeiro, 2013.
   116p. : il. ; 16cm x 23cm (Para não especialistas ; v.1)

   Inclui bibliografia
   ISBN 978-85-7756-030-1

   1. Marketing. I. Duro, Jorge. II. Título. III. Série.

08-2344.   CDD: 658.8
                                                            CDU: 658.8

Sumário

Prefácio 5

Introdução 7

Capítulo 1 – O que é produto? 13

1.1 Diferenças entre produtos e serviços 16

1.2 Adicionando valor ao produto ou serviço 18

1.3 Marca 19

Capítulo 2 – O que é preço? 27

2.1 Fatores que influenciam o preço 29

2.2 Estabelecendo o preço de um produto 33

Capítulo 3 – O que é praça ou distribuição? 41

3.1 Funções dos canais de distribuição 44

3.2 Tipos de distribuição 46

Capítulo 4 – O que é promoção ou propaganda? 49

4.1 Como funciona uma agência de propaganda? 54

4.2 Desenvolvendo a comunicação 56

4.3 A qualidade da mensagem 57

Capítulo 5 – Administração de marketing 61

5.1 Sistema de marketing 62

5.2 Marketing de relacionamento 68

■ **Capítulo 6 – Sistema de informação de marketing** 71

6.1 O administrador ou gerente de marketing 76

■ **Capítulo 7 – O marketing em outras versões** 79

7.1 Marketing cultural e marketing esportivo 79

7.2 Marketing digital 80

7.3 Marketing e responsabilidade social 84

7.4 Marketing e ecologia 86

■ **Capítulo 8 – Marketing de serviços profissionais** 89

8.1 Qualidade em serviços 89

8.2 Aumentando a produtividade em marketing de serviços 92

8.3 Marketing de serviços: "o segredo" 94

8.4 O que os clientes compram? 97

Exercícios 103

Dicionário do aprendiz de marketing 109

Bibliografia para quem deseja se aprofundar no assunto 112

Prefácio

Se você se considera um bom profissional, mas não obtém retorno financeiro de suas atividades, saiba que este livro pode ajudá-lo a se tornar mais competitivo, facilitando as relações com seus clientes. Caso você tenha planos de montar seu próprio negócio – consultório, construtora etc. –, leia com atenção cada capítulo para conhecer as ferramentas de marketing que podem auxiliá-lo a enfrentar a concorrência e a satisfazer seus clientes, mantendo-os mais fiéis a você.

Saiba também como escolher os clientes, passando a vender valor e não somente preço.

J. R. Bonavita
Jorge Duro

Introdução

Atualmente, criou-se o hábito de se dizer que "tudo é marketing". Quando um político tenta nos falar de seus grandes projetos, quando o McDonald's anuncia suas promoções na TV ou quando você explica para seus colegas como se esforçou para descobrir aquela informação vital na internet – sem contar, é claro, que foi seu filho de 8 anos quem achou o site certo –, a tudo isso chamam de marketing.

No entanto, o que é realmente marketing? Como, onde e por que o marketing acontece? É o que nós vamos tentar explicar neste livro. Relaxe agora, coloque o *headphone* com seu som favorito, deixe a secretária eletrônica atender às ligações, desligue o celular, e vamos mergulhar no marketing, seja lá que geringonça for essa.

Todos nós temos desejos e necessidades. Não me refiro apenas ao desejo por aquelas tão sonhadas férias ou à necessidade de escovar os dentes todos os dias. Existem outros desejos e necessidades, ligados às nossas atividades diárias, dos quais não nos damos conta.

Por exemplo, para você ir ao trabalho todo dia, se vai de carro, necessita ter gasolina no tanque para poder andar, certo? Se o tanque estiver vazio, você terá de satisfazer uma necessidade que é enchê-lo. Para satisfazer essa necessidade, existem diversos postos de gasolina, de várias marcas, ou bandeiras, como se diz, e com preços diferentes. Provavelmente, você não pensará muito e pagará o preço da gasolina, independentemente da bandeira do posto mais próximo, em virtude da comodidade, ou se o marcador estiver acusando "reserva". Você estará trocando dinheiro por

alguns litros de gasolina que o pouparão de ter de empurrar o carro ou ir de ônibus para o trabalho.

Na realidade, você passa a entender que não está pagando por um produto, está, sim, satisfazendo o desejo de se locomover com comodidade e conforto. E mais, se no posto só tiver gasolina aditivada, mais cara, provavelmente, você pagará o preço solicitado, pensando em conservar seu carro por mais tempo sem ter despesas com o motor.

Com isso, queremos dizer que clientes (como você) não compram apenas produtos ou serviços (gasolina, por exemplo); eles compram soluções para problemas, necessidades e desejos.

O problema de ir ao trabalho você já entendeu, mas e quanto a necessidades e desejos? Bem, necessidades são coisas básicas como comer, beber e se locomover. Já desejos são necessidades muito específicas que, às vezes, você mesmo não percebe.

Na grande área do desejo, na hora do seu lanche, no meio da tarde, sua barriga reclama pela necessidade de comida e bebida. Um pedaço de pão, uma fruta e um pouco de água de um bebedouro satisfariam muito bem essa necessidade, não é? Claro que não! Nessa hora, você passa em frente a uma lanchonete e vê um pôster imenso de Coca-Cola com a foto de um delicioso cheeseburger ao lado. Isso desperta em você um enorme desejo por... Coca-Cola e cheeseburger, claro! Mesmo que o sanduíche venha com mais gordura que o seu amigo "rolha de poço", você vai comê-lo com prazer e satisfação, e depois se desesperar quando subir na balança para se pesar.

Para que desejos e necessidades sejam atendidos, tem de haver uma troca (porque ninguém dá nada de graça mesmo), seja por moeda, outra mercadoria ou mesmo um favor. Você já pensou no fato de que não existe amostra grátis? É, meu amigo, aquele suco ou iogurte que lhe oferecem "de graça" no supermercado tem como objetivo mostrar que aquele produto é tão bom ou melhor do que o que você consome atualmente. E mais: alguém tem de pagar pela "amostra grátis"; esse alguém é quem já está comprando o produto ou ainda vai comprá-lo.

Por falar nisso, você já percebeu que está trocando algo o tempo todo: um presente para a gata (ou o gato) em troca de um beijo (ou algo mais); horas de aeróbica na academia em troca de um corpo para ser admirado, e assim por diante. E atenção! Você só troca coisas suas (atenção, afeto, grana e outras) por coisas que lhe tragam mais satisfação (de necessidades e desejos).

Outro aspecto das necessidades e dos desejos é que existem pessoas como você pensando no que oferecer para satisfazer aqueles que têm necessidades e desejos; esse é o lado da oferta. Quando pessoas com necessidades e desejos encontram pessoas com ofertas, temos o que se chama de MERCADO.

À atividade de fazer, criar, descobrir, ofertar ou, em resumo, trabalhar com mercados na tentativa de satisfazer necessidades e desejos de pessoas ou grupo de pessoas, pela venda ou troca de bens ou serviços, é dado o nome de marketing.

Para que exista o marketing, são necessários três pontos básicos:

- Que haja uma necessidade ou um desejo de uma pessoa ou um grupo de pessoas a ser satisfeita.
- Que se disponha de um bem ou serviço (produtos) a ser oferecido para essa satisfação.
- Que essa operação se concretize por meio de um processo de troca.

E de que se compõe o marketing? Philip Kotler, um renomado acadêmico e escritor americano, organizou, nos anos 1960, uma série de conceitos nos quais se baseia grande parte das análises de marketing feitas pelos profissionais atualmente e outros estudos sobre o assunto, inclusive este livro! (Se o marketing fosse um esporte como o futebol, Kotler seria o Ronaldinho Gaúcho!)

Um dos conceitos que Kotler estudou e definiu para orientar as ferramentas utilizadas pelos profissionais dessa área foi o do COMPOSTO DE MARKETING, ou marketing mix. O quê? Como? Calma! Vamos devagar! Esse trabalho de criar e lidar com mercados se baseia em quatro pontos principais. São eles:

- Produto. Você quer trocar ou vender algo.
- Preço. Esse algo tem um custo.
- Praça (ou Distribuição). Onde você vai vender.
- Promoção (ou Propaganda). Como fazer alguém se interessar pelo que você está vendendo.

Recentemente, os estudiosos de marketing agregaram mais dois conceitos: Pessoas (de nada adianta sua empresa dizer que tem a melhor tecnologia, o melhor produto e preço, se seus colaboradores estão desmotivados e mal treinados), e Política, que envolve proteções e regulamentações governamentais e opinião pública, mas isso é um papo para mais adiante.

Você já reparou que todos esses conceitos começam com P? Por isso, o composto de marketing, às vezes, também é chamado de "os quatro Ps do marketing".

Vamos começar pelo primeiro P.

O que é produto?

Capítulo 1

Produto é tudo que é oferecido para a satisfação dos desejos e das necessidades de determinado mercado.

Produtos podem ser classificados como:

- **Bens duráveis**: por exemplo, o seu carro, pelo menos até que você o destrua contra a pilastra da garagem que insiste em ficar no seu caminho quando você volta de uma festa, na madrugada.
- **Bens não duráveis**: por exemplo, a caneta Bic que você está mordendo enquanto lê o livro.
- **Serviços**: por exemplo, a mão de obra que o mecânico vai cobrar para consertar o seu carro.

Ou ainda como:

- BENS DE CONSUMO: por exemplo, tecidos, roupas, o seu carro, a caneta Bic ou *softwares*.
- BENS INDUSTRIAIS: por exemplo, o fio com que é feito o tecido, as máquinas usadas para fabricar roupas, as peças do seu carro, a tinta da caneta Bic ou o computador que roda o *software*.

Antigamente, isto é, na época do seu avô, pensava-se que era preciso apenas fabricar um bom produto e vendê-lo a um preço considerado justo que surgiriam pessoas interessadas em comprá-lo. Assim aconteceu com os primeiros carros: todos eram praticamente iguais e serviam ao propósito de transportar pessoas ou cargas, substituindo as antigas carroças e carruagens. Era assim quando Henry Ford, no início do século passado, lançou a linha de carros modelo T.

Os primeiros carros fabricados em linhas de montagem industriais, aperfeiçoadas por Ford para reduzir os custos de seu produto e para que ele pudesse vendê-lo a preços baixos, em comparação aos outros fabricantes da época, eram todos iguais e da mesma cor, e venderam maravilhosamente bem, o que só aumentou sua confiança no fato de que os americanos não estavam interessados em resolver seus problemas, e sim em comprar bons produtos a preços baixos. Havia qualidade, bom preço e fim.

Fim? Não. Na curva da História, Henry Ford foi ultrapassado algum tempo depois. Seus concorrentes, nesse caso um novo concorrente, a General Motors, GM, pensou que os consumidores poderiam gostar de carros que fossem diferentes uns dos outros; e a GM então lançou veículos com cores, tamanhos e estilos variados para atender outras necessidades. Isso fez com que as vendas disparassem, e o conceito de Henry Ford tornou-se ultrapassado. Essa percepção foi tão poderosa, e a Ford e outras fábricas de automóveis demoraram tanto a reagir e modificar suas ideias que a GM disparou. Adivinhe quem está ainda hoje, sempre num dos três primeiros lugares entre as quinhentas maiores empresas de todo o mundo? Em marketing, dizemos que a GM tem a maior fatia de mercado, ou MARKET SHARE.

Um conceito que também havia no final da primeira metade do século XX era o de vendas. (Você vai notar que muita gente ainda usa, e mal, esse conceito.) O que importava era estimular o consumidor a comprar. Vender, vender, vender. Era a época das grandes vendas de porta em porta, quando eram vendidas as "traquitanas" mais absurdas com as promessas de satisfação mais absurdas também. Tudo isso hoje é conhecido, "no popular", como "caô", "golpe", "armação".

Quer um exemplo atual? Cursos de inglês. Quantos prometem por aí que você vai falar inglês em um mês, que dá para aprender escutando fitas à noite, dormindo, e outras técnicas malucas? É, meu amigo, minha amiga, você só vai aprender mesmo inglês quando for às aulas de um bom curso e, em geral, estudar por alguns anos seguidos.

Má notícia? Não! Pois há uma boa notícia nisso tudo.

É que se aprendeu, com o tempo e a experiência, que o consumidor enganado por estratégias de venda como essas não se deixava enganar uma segunda vez. Surgiu a preocupação de identificar o que as pessoas realmente queriam, e as empresas começaram a se adaptar para dar a esse mercado o que ele realmente desejava. Começou-se a:

- ouvir o consumidor (primeiras pesquisas);
- planejar a produção de acordo com as respostas do consumidor;
- criar peças de propaganda e publicidade para motivar o consumidor;
- criar atividades de marketing para apoiar as vendas do produto.

Se você já participou de uma dessas pesquisas que vêm dentro de uma revista, às quais você é estimulado a responder para concorrer ao sorteio de um carro, uma moto ou um skate, você estava envolvido numa atividade de marketing e não sabia. Ao responder ao questionário, você enviou valiosas informações sobre seus hábitos de consumo e de lazer e ainda informações sobre o seu poder aquisitivo. Ou seja, se você tem condição de consumir outros produtos e/ou mais produtos.

Se esses dados forem bem utilizados pela empresa, ela tenderá a oferecer produtos mais adequados ao seu gosto e com qualidade mais próxima à que você quer. Esse esforço e a consequente adequação da produção garantem à empresa duas coisas que ela quer demais:

Credibilidade + a sua lealdade de consumidor = vendas

No entanto, se ela utilizar mal tudo isso, a única consequência para você vai ser mais um monte de malas diretas que vão parar na sua caixa de correio, vendendo de tudo... E mal.

1.1 Diferenças entre produtos e serviços

Um produto se caracteriza por ser tangível. Tan... o quê? Vamos procurar num dicionário:

Tangível – Aquilo que se pode tanger, tocar, que é palpável, sensível ao tato. (Por favor, não desvie seus pensamentos para outras coisas tangíveis.)

Um produto que tem essa característica pode ser tocado, armazenado em um local. Pode também ser testado e tem uma padronização, isto é, certas características com que ele é produzido, fabricado. Por exemplo, um computador com placa de vídeo 3D, HD de 120Gb, monitor Samsung e mais outras características que fazem dele um produto específico dentre vários tipos de computador.

Um serviço, ao contrário, se caracteriza por ser intangível, isto é, o contrário de tangível, o que não pode ser tocado, não é palpável, não pode ser percebido pelo tato. Você não estoca um serviço e dificilmente consegue padronizá-lo, principalmente porque ele depende de pessoas.

Em um restaurante, por exemplo, você é atendido por alguns funcionários, como o *maître*, a recepcionista, o garçom e o cozinheiro; assim, vários fatores decorrentes da atuação de cada um deles darão a você uma percepção a respeito dos serviços daquele restaurante. Por isso, os serviços tendem a ser menos padronizados que os produtos.

Se o cozinheiro estiver nervoso naquele dia, pode errar a mão no tempero, e sua percepção da comida do restaurante, naquele dia específico, não será muito boa. Se o *maître* também errar duas vezes o valor da conta, isso poderá aborrecer você. Se, além disso, um dos manobreiros faltou e você e seu (sua) acompanhante tiveram de esperar vinte minutos para ter o carro de volta, isso tudo somado pode dar a vocês a percepção de que nunca mais devem voltar àquele lugar, mesmo que seu melhor amigo tenha dito que o restaurante é maravilhoso. Provavelmente, ele foi num dia em que tudo correu bem no serviço de cada um dos empregados, o que gerou nele uma impressão geral de que aquele era um ótimo restaurante.

Reparou então que serviços são muito mais difíceis de serem padronizados? E não precisa ir muito longe, pois você já teve aquele dia em que a sua cara-metade brigou com o chefe, bateu com o carro, e, mesmo assim, contrariando a noção de perigo, você insistiu em discutir a relação de vocês quando ele (ou ela) chegou em casa! Por isso, é preciso pensar no serviço como um produto com características especiais.

Resumindo: embora sejam classificados conceitualmente como produtos, os serviços apresentam algumas particularidades:

Intangibilidade – Os serviços não têm embalagem, peso, largura, forma, assim fica um pouco mais complexo para o consumidor identificá-los.

Não são estocáveis – Existem dias, horários ou períodos em que se concentram muitos clientes, e outros em que não aparece ninguém, lamentavelmente. Uma hora de um consultório sem consultas vale zero, a menos que você consiga remanejar seus clientes para esses períodos.

Da mesma forma, fica muito difícil para o profissional atender vários clientes ao mesmo tempo.

Maior oscilação de qualidade (tanto em função do cliente quanto do prestador) – Pode acontecer de o profissional atender de maneira diferente, prestando o mesmo serviço; existem clientes que falam muito e outros que falam pouco. Há dias em que o profissional está mais alegre ou triste etc.

1.2 Adicionando valor ao produto ou serviço

Um produto pode ser mais que apenas aquilo que ele aparenta ser. Ele pode oferecer mais que somente aquilo que imaginamos, a princípio, que ele ofereça (lembre-se da gasolina do seu carro; o valor dela é a energia que você poupa em vez de ter de se deslocar por outro meio ou a pé). Por exemplo, um canal de TV por assinatura:

- São características específicas de um canal, isto é, o que se espera dele: bons programas, boa imagem, custo razoável. Até aí, nada demais.
- **Diferencial**. O canal pode lhe proporcionar o que você não esperava, ampliar seu serviço, por exemplo: oferecer um site em que você, além de saber coisas sobre a programação e seus artistas favoritos, pode fazer *download* de jogos, protetores de tela e outros softwares.
- Existem ainda possibilidades inexploradas, que podem ser o caminho de evolução para a oferta de produtos desse suposto canal: talvez a realização anual de convenções para o público, nas quais você possa ter contato direto com artistas e executivos, propor ideias para programas e até participar de cenas de episódios gravados na convenção.

Tudo o que é feito na tentativa de mudar o produto para melhor pode (e deveria) adicionar valor a esse produto, isto é, fazer mais gente se interessar por ele, e fazer você, que já era "viciado", não mudar nunca de canal!

Resumindo: diferencial é aquilo que você não espera, ou seja, quando um produto supera as suas expectativas, ele tem um diferencial, segundo a sua avaliação, e isso soma valor a esse produto ou serviço, fazendo com que você concorde em pagar mais por ele.

Na vida também é assim: você pode e deve buscar um diferencial na sua relação com colegas e amigos; dessa forma, você será mais querido, admirado e, no geral, mais bem avaliado. Lembre-se, porém, de que esse diferencial deve ser visto sempre do ponto de vista do outro, de quem você quer impressionar. Se, por exemplo, a sua intenção é impressionar uma pessoa que acabou de conhecer e que não sai da sua cabeça, faça coisas diferentes (e boas) que ela não tenha recebido antes ou mesmo visto em seus outros relacionamentos.

1.3 Marca

Quando falamos de produto, uma coisa logo vem à nossa cabeça: MARCA. Quase todo produto tem uma marca! Mas o que é marca?

Marca é um símbolo, um *design*, um nome – ou tudo isso junto – que identifica o produto ou o serviço oferecido. Você, por exemplo, também tem a sua marca: seu nome, seu apelido, seu *nickname* na internet. Eles devem dizer algo a seu respeito que você gostaria que outros soubessem e que fosse um diferencial; o mesmo ocorre com a marca.

Você sabe o que é um Bombril. Você já deve ter visto, mesmo que não tenha prestado atenção, alguém em sua casa lavando uma panela e esfregando-a com Bombril. Aquilo, na verdade, é uma palha de aço, nome técnico da "coisa", mas após muitos anos de anúncios, a marca está plenamente identificada com o produto, e a sua empregada dificilmente vai lhe pedir para comprar mais palha de aço para lavar a louça: ela vai pedir mais Bombril. O nome, neste caso, está mais identificado com o produto do que a embalagem ou qualquer outro símbolo que ele tenha.

Se você gosta de carros, é provável que conheça alguns símbolos que estão absolutamente ligados às marcas que eles representam. Por exemplo:

• O cavalinho preto empinado, dentro de um escudo, sobre um fundo vermelho, você sabe, é a marca da... Ferrari.

• A estrela prateada, de três pontas, dentro de um círculo também prateado é o símbolo da... Mercedes *(Pô, nem assim você acertou? Vai ser desligado assim...)*

Esses símbolos (ou como dizem alguns, logomarcas) identificam, sem nenhuma dúvida, os produtos que eles representam, e você, que já foi bombardeado com mensagens de propaganda, associa, mentalmente, a marca ao nome e, por conseguinte, ao produto. No seu caso, sua assinatura é sua logomarca.

A academia em que você malha, por exemplo, também tem uma marca, isto é, um nome identificado com determinada imagem, que é comunicada por uma série de atributos (elementos que compõem a qualidade) que as pessoas percebem nela e que ela transmite por meio de sua comunicação com o público. O tipo de aparelhos que ela tem, os professores que

dão aula ali, o prédio e sua localização, as pessoas que a frequentam e outros aspectos, todos somados, adicionam valor ao nome da academia e constroem a sua marca.

Imagine um cara chamado Hércules com apenas 1,50m de altura; ou uma menina de 1,90m de altura e 110kg de peso chamada Rosinha. Os atributos não batem com a marca.

Qualquer marca pode e deve ser registrada. Seu nome e seu símbolo, se registrados, ficarão protegidos por lei para não serem utilizados sem autorização dos donos. No Brasil, o órgão responsável pelo registro de marcas é o INPI, Instituto Nacional de Propriedade Industrial. Na internet, para registrar um domínio, por exemplo, você pode utilizar a Fapesp (www.fapesp.org) ou a Internic (www.internic.com).

No entanto, a marca tem mais que apenas atributos. Você não compra atributos, mas, sim, os BENEFÍCIOS que terá comprando algo com aqueles atributos. Os atributos de um relógio Citizen percebidos por um homem podem ser a qualidade do material, a esportividade do design e o altímetro que vem acoplado no corpo do relógio. O cara pode pensar em comprar esse relógio porque, quando usá-lo, vai parecer mais másculo, mais esportivo (apesar de nunca ter feito nem uma escalada na Floresta da Tijuca, quanto mais numa montanha, para usar aquele altímetro). Os benefícios são as soluções de seus problemas, que você compra no produto.

A marca transmite também **valores**, isto é, se você dirige um BMW, você tem nas mãos não só a direção do carro, mas prestígio, arrojo, beleza, estabilidade e outras qualidades. Há um benefício nesses valores, e os outros percebem; por isso, um BMW custa infinitamente mais caro do que uma BMV ("Brasília muito velha").

O uso de uma marca está associado ainda à sua personalidade, ao tipo de consumidor que você é.

Dentro de uma empresa, vários produtos podem ter marcas diferentes. É o que acontece com a Nestlé, que vende diversos produtos com marcas distintas como Nescau, Leite Moça, Prestígio e outros. Algumas empresas, ao contrário, utilizam sua marca geral e a estendem para todos os seus produtos, como é o caso do Bradesco, com as marcas Bradesco Seguros, Bradesco Saúde, Bradesco MasterCard, e assim por diante. São estratégias diferentes, com diferentes intenções de se comunicar com o consumidor.

Como se escolhe o nome de uma marca?

Nós já vimos que a marca diz muito sobre um produto e até sobre quem o consome, por isso é importante que a escolha do nome da marca leve em conta as ideias que se quer transmitir a respeito do produto.

A marca deve ser:

- Original (isto é, única, diferente, que ninguém tenha usado).
- Sonora (Bic).
- Fácil de lembrar (Shell).
- Se possível, a tradução do produto (Teletrim).

O nome da marca deve falar sobre as qualidades e os atributos do produto, resumidamente, ou deve ser simples de pronunciar, para ser mais facilmente reconhecido. Bombril quer dizer "bom brilho", sua panela vai ficar brilhando depois que você usar Bombril. *Veja* é quase uma ordem para que você compre e leia a revista, para "ver" o que acontece no Brasil.

Algumas marcas são nomes de fácil assimilação e, com o uso, tornam--se inconfundíveis. Por exemplo, Kodak está associado à... fotografia, filme. Motorola a... celulares (apesar de o nome não falar nada a respeito do produto). Shell... petróleo, gasolina. E assim por diante.

Embalagens

Embalagens ajudam a diferenciar produtos.

Esse assunto parece simples, mas envolve outras questões. A embalagem de um produto deve estar associada à imagem dele, deve ser de fácil manuseio, deve chamar a atenção, o nome do produto deve estar em destaque etc. A embalagem, porém, não mostra apenas as qualidades do produto, ela fala também sobre o fabricante, com informações como nome, endereço e telefone; especificações técnicas; quantidade; volume; prazo de validade e muitos outros dados que devem ser os mais exatos possíveis.

Ninguém imagina que a embalagem do produto de uma multinacional não traga o telefone de atendimento ao consumidor. Porém, em um supermercado, você encontra vários produtos de empresas menores sem essa informação importante.

Imagine agora uma caixa de cereal em flocos, os famosos Sucrilhos. Você pode descrevê-la? Ela tem o nome do produto, com seu desenho particular, grande e, geralmente, da metade para cima da caixa. Se for um produto concorrente dos Sucrilhos Kellog's, a cor de fundo da caixa será também azul, e seu tamanho igual ao da Kellog's. Por quê? Bem, o consumidor já está acostumado àquela cor e àquele formato porque durante muitos anos só havia esse tipo de cereal da marca Kellog's. Era um produto sem concorrentes de peso. O que aconteceu foi que se formou na mente dos consumidores um consenso de que cereal matinal infantil "é assim". Qual é o concorrente que vai duvidar da sabedoria popular e se arriscar a passar despercebido na gôndola do supermercado, ou então ser confundido com outro tipo de produto?

O produto da Kellog's tem um personagem infantil, o Tigre, associado à sua imagem, daí que a concorrência também segue o líder e utiliza um personagem que seja facilmente aceito pelas crianças. Há vinte anos, as embalagens não continham nenhuma informação sobre seu conteúdo, do tipo vitaminas, calorias, gordura, açúcar, colesterol. Você pode imaginar isso hoje? Não.

Claro que uma boa embalagem de alimentos deve conter informações nutricionais, e isso é indispensável, mas elas não precisam ocupar muito espaço, apenas o suficiente para serem encontradas, caso procuradas. Usam-se, então, as laterais da caixa de cereal, pois só a mamãe vai procurar por elas e não o pirralho que vai comer o cereal.

E o que fazer com a parte de trás da embalagem? Você já colocou a maior parte das informações na frente e nas laterais. Cereais são todos praticamente iguais, com o mesmo sabor, o que faz o diferencial então? O diferencial pode ser o atrativo que você coloca além do produto. Nesse caso, você usa a parte de trás da caixa para satisfazer os desejos de seu amiguinho, que vai pedir à mamãe para comprar o cereal. São joguinhos, personagens do último filme da Disney que ele pode recortar e montar, vales-brindes para recortar e trocar por brinquedos, enfim, mil e uma ideias são possíveis (quem usa mesmo essa expressão "mil e uma..." em suas propagandas?) para você conseguir que a mãe dele compre o seu cereal e não o da Kellog's.

Então, depois de tudo isso, como está a sua embalagem pessoal? Está coerente com o cliente que você quer impressionar? Seu cabelo, suas roupas, seus modos acabam por desempenhar o papel de sua embalagem. Embalagens e marcas têm de andar lado a lado: imagine o Sr. Bem-Sucedido com roupas maltrapilhas, unhas sujas e despenteado; a embalagem não bate com a marca. E o Sr. Rebelde, com sapatos de verniz, gel no cabelo e anel no dedo mindinho? Não dá certo!

Embalagens e produtos envolvem, muitas vezes, patentes, isto é, direitos autorais de quem imaginou aquilo primeiro. É o caso do *compact disc*, por exemplo, CD para os íntimos, que foi uma tecnologia desenvolvida pela multinacional holandesa Phillips. Ela patenteou a invenção e licencia a tecnologia, isto é, permite o uso mediante o pagamento de r*oyalties* (direitos), para fabricantes no mundo inteiro. Se você observar um CD, verá que ele tem, em algum canto da caixa de plástico, a inscrição em relevo *compact disc* num desenho que é igual em qualquer CD. Essa é a MARCA REGISTRADA (e patenteada) daquela tecnologia. Quando você toma sua Coca-Cola, normal ou light, você lê no nome MR (marca registrada), em português, ou TM (*trade mark*) em inglês.

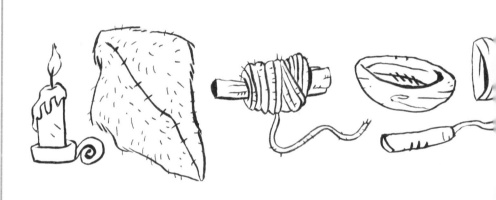

O que é preço?

Capítulo 2

Você lembra que nós falamos que, para haver marketing, são necessários três pontos básicos: que exista uma necessidade ou um desejo a ser satisfeito, que exista um bem ou serviço (produtos) a ser oferecido para essa satisfação e que essa operação se concretize por meio de uma troca?

Pois é, só que, na maioria das vezes, a troca de bens se dá da seguinte maneira: de um bem (produto ou serviço) por seu valor percebido em dinheiro pelo cliente. Você compra um CD na loja e paga certa quantia. Como se estabelece essa quantia? Quem decide isso? Como eu decido se aquele CD vale o que está sendo pedido em dinheiro por ele?

Vamos fazer um *rewind*<< e voltar um pouco ao passado.

Antes da Revolução Industrial e da produção em massa de bens de consumo, a grande maioria das populações produzia o básico necessário à sua sobrevivência. Um artesão plantava e produzia a comida para sua família, velas e óleo para iluminação da casa (com base na gordura dos animais que criava) e matérias-primas como couro, linha, moldes de madeira e outros artigos necessários ao seu ofício.

Não havia preocupação em diferenciar tais produtos por marca, embalagem ou propaganda, pois, sendo itens básicos para sobrevivência, eram artigos de primeira necessidade e produzidos e consumidos ali mesmo. O excedente, aquilo que sobrava, era trocado por outros produtos na feira ou praça mais próxima. Às vezes, surgia a figura do intermediário, de modo que os fazendeiros e artesãos não precisassem se deslocar do lugar em que viviam para comercializar os produtos; o intermediário recolhia os itens e ia negociar nas feiras.

Era fácil, assim, atribuir a esses produtos um valor, baixo em geral, avaliado com facilidade pelo senso comum, isto é, eu sei, você sabe, todo mundo percebe quanto determinado artigo vale. O lucro obtido pelo intermediário era o valor extra que ele acrescentava ao preço de confecção do produto por ter feito o trabalho de venda. Só para você ter uma ideia de como era diferente viver e trabalhar naquele tempo: as pessoas não possuíam carteira de trabalho, não batiam ponto e eram remuneradas de acordo com o que produziam.

Com a produção em massa de bens de consumo, a partir do século XIX, começa a existir uma preocupação com os custos do produto, incluindo os custos de produção, embalagem, transporte, administração (escritórios, fábricas, empregados, máquinas etc.), propaganda; além da preocupação com o retorno do investimento feito com o capital inicial (isto é, a grana que o cara que abriu a fábrica colocou no negócio e quer ver de volta no bolso dele) e, finalmente, com o lucro.

A produção em massa e a linha de montagem mudaram as relações de trabalho, e as empresas passaram a comprar tempo dos trabalhadores. A

definição econômica do trabalho passou a ser "venda do tempo de lazer"; pessoas vendem tempo de lazer e passam a ser remuneradas por isso.

2.1 Fatores que influenciam o preço

Atualmente, existem outros fatores que determinam o preço e que os fabricantes não podem controlar. Controles de preços de alguns setores pelo Governo (preços de carros, combustível e outros itens), desenvolvimentos tecnológicos e até as condições do clima. Por exemplo, geadas no Sul destroem algumas colheitas de laranja, o que significa menos laranjas para se vender; logo, o preço da saca de laranjas sobe, e o da laranja na feira perto da sua casa também. Isso pode, no entanto, fazer com que o suco de laranja em caixa (que foi estocado e produzido no início da safra, ou até mesmo antes dela) baixe de preço. Aí, em vez de comprar laranjas na feira, você vai preferir o suco em caixa da padaria. Se o preço está alto no Brasil para os produtores de suco em caixa, a solução pode ser importar laranjas de outro país da América do Sul.

Você percebeu quanto o preço de um produto pode mexer com o seu dia a dia?

O produto em si compõe-se de custos que podem ser:

CUSTOS FIXOS: tudo que não depende de produção, como o aluguel de um galpão para uma fábrica, a emissão de notas fiscais, a administração da sede da empresa, entre outros.

CUSTOS VARIÁVEIS: tudo do que depende a produção, ou seja, matéria-prima, horas de mão de obra, eletricidade para o funcionamento de máquinas, manutenção de equipamentos e outros itens desse tipo.

A diferença entre a receita de vendas menos os custos (variáveis e fixos) é chamada de LUCRO; é o que garante a sobrevivência da empresa.

As decisões sobre preço tomadas por diretores de empresas, ou mesmo por pequenos empresários, nem sempre levam em consideração o que a

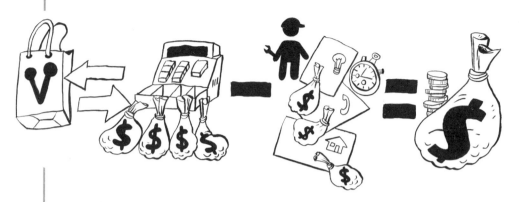

área de marketing tem a dizer sobre o assunto. Por exemplo, uma disputa acirrada com concorrentes pode levar um produto a ser vendido com um preço abaixo do que deveria, pois não foram feitas pesquisas de mercado para avaliar a percepção do consumidor sobre a mercadoria. Ele poderia achar até justo que o seu produto tivesse um preço mais alto, se ele o percebesse como melhor do que o da concorrência. O cliente acaba associando produtos melhores com preços maiores, e vice-versa!

Se a Nike lança um novo tênis de corrida, feito com a mais moderna tecnologia, e que foi usado por Tyson Gay, um dos maiores velocistas do mundo, na sua última quebra de recorde mundial, a Nike pode e *deve* cobrar mais caro do que a concorrência. Por quê? Porque se ela não fizer isso, você pode pensar que o tênis não é lá essas coisas, afinal tanta tecnologia não se vende barato. Essa é, comumente, a nossa percepção do assunto.

Além disso, você quer ser o primeiro, e talvez durante algum tempo o único, a ter esse tênis e poder exibi-lo a seus amigos na academia e, durante algum tempo também, ser o mais admirado da área! Você gastou uma fortuna com o tênis naquelas férias em Nova York e passou o resto da viagem comendo sanduíche para compensar? Tudo bem, você sabe que ninguém da sua turma vai ter a grana ou a chance de comprar o tênis, pelo menos por um tempo. O preço é que vai permitir essa diferenciação (só você tem). Responda: qual é a sua necessidade?

Lembre-se, marketing é percepção! Percepção pode ser um diferencial! Diferenciação pode fazer de um produto um bem único e altamente desejado!

Para a maioria dos produtos, entretanto, isso não dura muito tempo. A competição entre itens muito semelhantes traz a percepção de valor para baixo. Quando os produtos ficam todos parecidos, nós os chamamos de *commodity*; e o que faz vender uma *commodity* é preço baixo e facilidade de encontrá-la.

Foi o que aconteceu na indústria de informática. Em 1990, um computador era um artigo cobiçado, mas ainda extremamente caro para a maioria das pessoas no Brasil. Internet? Raríssimas pessoas tinham ouvido falar sobre isso, e a interface World Wide Web, o "www", ainda não existia. Era a época do PC 386, uma potência. Os preços seguiam a política das grandes empresas, como a IBM e a Apple, e o computador vinha praticamente montado.

Hoje, o que mais se encontra por aí são verdadeiros supermercados de equipamentos de informática. Você monta o computador como preferir e os itens mais sofisticados são razoavelmente baratos. Por quê?

As empresas perceberam, em meados da década de 1980 – e "titio" Bill Gates foi um dos primeiros – que o trabalho das pessoas ficaria mais fácil

com os microcomputadores, e isso gerou DEMANDA, ou seja, pessoas que querem e podem comprar um produto ou serviço.

Muitas empresas, muitas mesmo, resolveram entrar nesse negócio, o que gerou uma OFERTA de produtos cada vez maior. Você ia comprar um monitor para o seu computador que custava R$ 400. Era muito caro, mas, andando um pouco mais, duas lojas depois, alguém oferecia o mesmo monitor por R$ 380. "Oba, vai sobrar grana *pra* comprar um *game*!", você pensava. Mas como esse cara consegue vender mais barato do que aquele? Provavelmente, o que ele fez foi diminuir a margem de lucro esperando vender mais computadores que seus concorrentes e, assim, recuperar o mesmo lucro pela quantidade de monitores vendidos.

Não entendeu? Veja só:

Ele tinha 15 monitores que vendia a R$ 400. Os monitores custavam para ele, comprados na fábrica, R$ 300 cada. Com R$ 100 a mais por cada venda, ele pagava os custos da loja, os vendedores, os impostos e ainda ficava com R$ 30 de lucro no final.

Entretanto, ele só estava vendendo cinco monitores por mês, o que lhe dava um lucro de (30 x 5) R$ 150 por mês. Isso era pouco para ele se

manter e dez monitores ainda ficavam encalhados na loja (está lembrado dos custos fixos?).

Ele decidiu, então, reduzir sua margem de lucro para apenas R$ 10 e vender os monitores a R$ 380. Foi quando ele conseguiu vender todos os monitores e receber encomendas para mais cinco por mês, porque a demanda por computadores era crescente, num total de vinte monitores/mês. Seu lucro no período foi de (20 x 10), R$ 200, R$ 50 a mais do que era antes, mesmo com o lucro por unidade reduzido em um terço. Essa redução é chamada de ECONOMIA DE ESCALA.

Foi mais ou menos assim que os artigos de informática foram se tornando mais e mais baratos. O preço baixo e um produto com qualidade são exatamente os sonhos de todo consumidor. Hoje, só consegue se manter no mercado de equipamentos de informática quem pode oferecer qualidade e bom preço (você já ouviu isso antes, não é?).

Diz-se que o mercado de informática sofreu uma "commoditização", isto é, você pode compará-lo com outros mercados que vendem as chamadas COMMODITIES (são *commodities* a arroba da carne de boi, o café em sacas, as laranjas e muitos outros produtos vendidos sem grande diferenciação e com preços baixos entre seus vários fabricantes ou distribuidores), negociadas nas bolsas de valores de todo o mundo, nas quais a qualidade dos produtos é muito parecida e seu preço tem a maior influência na negociação.

2.2 Estabelecendo o preço de um produto

Existem várias formas de se estabelecer o preço de um produto, mas o principal é sabermos antes o objetivo do preço que se quer determinar, ou seja, por que colocamos esse preço? Algumas das possíveis estratégias para determinação de preços são:

▇ Sobrevivência

A empresa percebe que existe uma demanda de mercado para seu produto, digamos que ele seja uma nova bebida isotônica, um Gatorade da vida, que atletas de fim de semana, como você, tomam depois de quase morrer ao dar uma volta em torno do quarteirão. Há uma demanda para esse tipo de bebida, mas existe também muita concorrência de produtos semelhantes; logo, o preço deve ser compatível com a média de preço desse tipo de bebida no mercado, a que chamamos de **preço de mercado**. A empresa sabe também que existe um ciclo de vida útil do produto, isto é, o tempo que as pessoas vão continuar comprando na quantidade que a empresa espera, até que surja outra bebida, uma novidade, e as vendas do primeiro comecem a cair. Quando isso acontece, têm início as promoções e os descontos do tipo "compre três e pague dois", para esticar ao máximo o tempo de vendas estáveis do produto. Um dia, a própria empresa lança uma nova bebida para substituir aquela que ninguém mais consome.

No parágrafo anterior, comentamos que os produtos têm um ciclo de vida que agora vamos detalhar um pouco mais.

Como acontece com os seres humanos, o ciclo de vida de um produto, que rege também empresas e setores da economia, é composto de quatro fases:

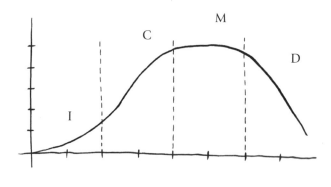

I = Introdução
C = Crescimento
M = Maturidade
D = Declínio

Um produto, em seu lançamento, é novidade; somente clientes mais arrojados e inovadores vão adotá-lo. À medida que esse produto é bem--aceito, o próprio boca a boca dos clientes "alavanca" a venda do produto, e daí em diante começa a fase de crescimento. Quando o produto já está na boca do povo e todos passam a consumi-lo, dizemos que ele entrou na

maturidade. Finalmente, chega o tempo em que ele vai ser trocado por produtos melhores, mais baratos ou mais inovadores, e entra então em declínio. Quanto maior a oferta dos concorrentes, mais rápido ele entra em declínio.

Você assistiu a "Guerra nas Estrelas – A vingança dos Sith"? Percebeu quantos meses ele ficou em cartaz? Dois? Talvez um mês e meio? Pois bem, pense por quantos meses os primeiros filmes da série, lançada no final dos anos 1970, ficaram em cartaz! Foi muito mais tempo! Naquela época, Hollywood, a terra do cinema, não oferecia tantos filmes de ação novos em tão pouco tempo. Hoje, a oferta é muito maior. O mesmo acontece com músicas, cantores, tênis, empresas e setores da economia (pergunte aos fabricantes de telex, LPs, gravadores de rolo, impressoras matriciais).

Quando você lança um produto ou uma empresa, eles terão um ciclo de vida que será determinado pela oferta que seus concorrentes farão; e como existem cada vez mais concorrentes, o ciclo de vida acaba se reduzindo e a empresa é obrigada a inovar e criar um novo ciclo para um novo produto.

O mesmo vale para sua carreira: se você não estiver constantemente se inovando e se diferenciando de seus concorrentes, pode virar uma *commodity*! Mas não se assuste, cabe a você permanentemente observar o mercado (empresas que podem querer comprar seus serviços diferenciados) e, então, você vai poder negociar o valor de seus serviços, ou o seu salário. Não marque bobeira, um olho no mercado e outro na concorrência.

Um lembrete: quando a maior parte dos concorrentes passa a oferecer o mesmo diferencial que o seu, ele se torna pré-requisito, isto é, um certificado de qualidade, o que já se espera de você. Aí então, você tem de buscar outros diferenciais (informática, espanhol, alemão, sei lá, além de iniciativa e criatividade. Ufa!).

Pesquise, mantenha-se informado!

Maximização de lucros

Neste caso, é necessário conhecer a demanda potencial, ou curva de demanda, de determinado produto. A empresa faz uma hipótese para determinar seu mercado e seu preço. Por exemplo, carros populares. Quem pode comprá-los? Para responder a essa pergunta, devemos saber qual é o **mercado potencial** para carros populares. O que é mercado potencial? É o conjunto de clientes potenciais; e clientes potenciais são aqueles que podem gerar demanda, isto é, aqueles que querem e podem comprar.

Existe outro conceito, o de **potencial de mercado**: ou seja, quanto esses clientes podem comprar em unidades de produto ou em dinheiro. Esse conceito é importante para avaliar se é viável o lançamento de um novo produto; daí ser importante também orientar o esforço de venda, ou seja, a empresa sempre vai dar prioridade aos clientes de maior potencial de compra, aqueles para quem, ela acredita, seja mais fácil ou mais rápido vender o produto.

Assim, a empresa adota uma ferramenta chamada SEGMENTAÇÃO, que vai dividir o mercado em partes mais homogêneas, iguais entre si, para poder melhor visualizar e atender esses clientes. Na segmentação, a empresa pode usar critérios como a demografia (idade, renda, sexo etc.), a geografia (urbano, rural, zona norte, zona sul etc.), o perfil psicológico (inseguros, inovadores, aqueles que buscam *status* etc.), entre outros.

No caso dos carros populares que mencionamos, fazendo a segmentação, podemos ter, por exemplo, homens e mulheres acima de 18 anos. Isso, no Rio de Janeiro, corresponde a uma população de, digamos, dois milhões de possíveis consumidores (ou consumidores potenciais) de carros populares. Considerando que uma pessoa, provavelmente, poderia comprar um carro novo por vez a cada ano, teríamos um mercado para dois milhões de carros. É claro que isso é o máximo possível, o ideal, e isso nunca acontece! E qual seria o mínimo, se apenas quem tivesse o poder aquisitivo suficiente para comprar, considerando também o seguinte: homens e mulheres formam famílias que, muitas vezes, têm apenas um carro e só trocam de carro de quatro em quatro anos ou mais; e, além disso, a empresa fabricante não está fazendo nenhum esforço de comunicação para vender os carros? Isso diminui bastante a quantidade de possíveis compradores, talvez para, digamos, uns dez mil. Assim, o universo de compradores de carros populares está entre dez mil e dois milhões.

Utilizando-se então do esforço de marketing (trabalhando com produto, preço, propaganda, distribuição e outras informações, as quais veremos mais adiante), a empresa sabe que poderá aumentar suas vendas nesse universo ampliando o número de compradores de carros populares e, consequentemente, maximizando seus lucros, à medida que tenta atingir seu mercado potencial (os dois milhões de possíveis compradores).

■ Desnatação do mercado

É o caso do tênis Nike, que nós vimos no Capítulo 2 (2.1 "Fatores que influenciam o preço"). O preço começa lá em cima, pois é um produto inovador. Então, só a nata dos consumidores pode adquirir o produto. Depois de certo tempo, quando o produto não é mais novidade e os concorrentes já o copiaram, o

preço cai um pouco e quem está numa camada um pouco abaixo vai poder comprá-lo.

O resultado disso é que o mercado da Nike aumenta, ela vende mais tênis, e os concorrentes que copiaram a novidade e o preço alto perdem para ela de novo. E, assim, o preço vai baixando até que o extrato mais baixo, isto é, com o menor poder aquisitivo do mercado, pode, finalmente, comprá-lo (os "duros" do primeiro momento), liquidando o produto.

■ Liderança de qualidade

Em geral, essa maneira de definir preços está associada a produtos de grifes famosas. Aquele tipo de produto que poucos têm, muitos gostariam de ter e (bate na madeira se você tem) todo mundo tem inveja de quem tem. Um exemplo? Um terno Armani que custa, em média, US$ 2,5 mil. Se você não usa terno, isso pode não significar nada, mas se você for um executivo de uma multinacional, um piloto de Fórmula Mundial ou um cantor de pagode de sucesso, você não vai dispensar ter pelo menos dois ou três Armanis no seu guarda-roupa como prova de *status*. Estar vestido com um terno desses mostra explicitamente que a pessoa tem dinheiro e sabe o que é bom. Sem

dúvida, isso atrai os bajuladores de plantão e, no mínimo, uma dúzia de fãs. O preço, nesse caso, será *sempre* alto. Já pensou como fica o *status* do cara se qualquer "mané" aparece vestindo um Armani? Impossível!

Existem várias fórmulas para cálculo de preço de um produto. No final deste livro, nós indicamos outras leituras que você pode fazer para se aprofundar no assunto. Por enquanto, o mais importante é você saber que a determinação do preço de um produto ou serviço merece estudo e atenção por parte do marketing.

Capítulo **3**

O que é praça ou distribuição?

Bom, até agora tudo bem. Você deseja um produto, um MP3 player para ouvir música enquanto faz sua caminhada matinal. Alguém que pesquisou e adivinhou que você, um dia, podia gostar daquele aparelho, que foi pesquisado e inventado há muito tempo, já o fabricou! Maneiro, não? E agora? Como eu, fabricante, faço para vender o produto para você? Minha fábrica é em Manaus, você mora no sul do país, como faço?

Bom (novamente), existem uns donos de lojas de eletrodomésticos que também sabem que você e mais uma galera vão querer comprar os MP3 players. Eles são os comerciantes INTERMEDIÁRIOS, estão interessados em comprar certas quantidades do meu produto para poder oferecer a você e a seus amigos e, com isso, obter algum lucro, vendendo um pouquinho mais caro do que eu vendo para eles. Legal! Mas... Como faço para o meu produto chegar a todas as lojas do Brasil? São muitas lojas, como vou atender todas?

Bom (já não chega de bom?), existe uma empresa que tem armazéns e caminhões espalhados por vários pontos do Brasil que, por um preço bem baixo, pode fazer com que minha mercadoria chegue a todas essas lojas sem que eu tenha de me preocupar com isso: eles são os facilitadores. Existem ainda alguns sujeitos, em alguns estados, que gostariam de representar a minha fábrica, lá nas cidades deles. São os agentes intermediários. Eles pegariam os pedidos das lojas e pediriam para mim uma quantidade de produtos que eu enviaria para eles venderem aos lojistas.

Bom, finalmente, todas essas pessoas ou grupos de pessoas interessadas em intermediar a relação da minha fábrica com você e seus amigos para que eu possa satisfazer o desejo de vocês de terem um MP3 player são chamadas de CANAIS, ou CANAIS DE DISTRIBUIÇÃO.

A operação de fazer chegar o produto até o consumidor denomina-se DISTRIBUIÇÃO. Antigamente, levava o nome de PRAÇA, porque se colocava o produto na "praça", ou cidade, em que estavam os consumidores (e também porque, assim, juntando com propaganda, ficavam quatro Ps, o que era mais fácil de decorar para quem aprendia sobre marketing). Se você quiser dar uma de esperto, pode falar também em **logística**, que é o nome moderno para se referir aos problemas e às soluções de distribuição, mas aí também já é demais para guardar na cabeça.

Bom (acho que já usei essa palavra antes), se você se deu ao trabalho de pensar, percebeu que a distribuição é fundamental para a venda de um produto. Não adianta realizar o esforço de marketing, criar um produto que atenda uma demanda, estudar o preço correto, fazer propaganda, se o consumidor chegar à loja e o vendedor disser:

– Não. Isso aí nós não temos, não.

– *Pô*! Que lojinha furreca! Não volto mais aqui!

Exageros à parte, o fabricante não pode deixar o lojista com cara de "mané", pois ele vive para satisfazer o consumidor e luta com uma concorrência feroz. Se ele não tem um produto e seu concorrente tem, ele pode perder não só a venda, mas também o cliente.

O fabricante também corre o risco de arranhar seriamente a sua imagem quando não se preocupa devidamente com a distribuição. Digamos que ele tenha feito uma grande campanha, inclusive com anúncios na TV, para divulgar o lançamento de um novo sorvete. O consumidor, que já viu os anúncios, está na praia e pensa: "vou provar aquele novo sabor!", e aí não consegue comprar o sorvete, porque nenhum dos ambulantes tem o produto para vender. Ele não vai ter seu desejo satisfeito e pode simplesmente "deletar" da memória a vontade de tomar aquele sorvete em particular, e descobrir que o concorrente tem outro sorvete com um sabor parecido, que deve ser muito melhor. E agora?

A organização de um **sistema de distribuição** é uma das tarefas mais importantes e delicadas do marketing de uma empresa. É importante ter intermediários para um negócio, pois, na maioria das vezes, o fabricante não tem condições de controlar todas as etapas até que o produto chegue ao consumidor. Ele precisaria de muito capital e de muitos empregados para isso.

É fundamental, então, organizar um fluxo de distribuição em que se tenha certeza de que o produto fabricado vai estar disponível para o consumidor no tempo, no local e no preço certos para atender aos desejos dele.

Por exemplo, o cara que produz balas e doces, muitas vezes, fabrica apenas esses produtos. Não teria sentido ele montar uma loja em cada cidade do país para vender a sua produção. Ele não teria dinheiro para isso! Ele precisa se relacionar com intermediários que se encarregarão de levar até às lojas os seus produtos e também uma série de mercadorias de outros fabricantes. Por que isso? Porque quando entra num bar, você quer ter à sua disposição uma variedade de produtos para poder escolher o que consumir naquele momento.

Mesmo que você não tenha pensado a respeito, toda vez que você escolhe um produto na prateleira do supermercado, ou no balcão de uma loja ou bar, você está concluindo um ciclo de compra que vai promover empresas e garantir seus empregados em postos de trabalho, e isso é o resultado do trabalho eficiente da empresa de fabricar e distribuir seus produtos até você, que é o consumidor. Por outro lado, você estará "detonando" outras marcas, empresas e empregos de quem não foi tão eficiente, e a isso nós chamamos de **mercado competitivo**.

3.1 Funções dos canais de distribuição

Os canais de distribuição têm várias funções que possibilitam um fluxo, isto é, uma comunicação, uma ida e vinda de dados que permitem o desenvolvimento de um negócio. *Tá* difícil? Vamos dar exemplos:

Informações: os lojistas ou qualquer outro tipo de intermediário podem dar ao fabricante informações sobre a reação dos consumidores com relação a seus produtos, seja por meio de pesquisas de opinião, seja pela própria observação do comportamento do consumidor.

Promoção: se você, como fabricante, bolou uma campanha de preços promocionais, de sorteios ou mesmo só de promoção do seu produto, é o lojista que vai colocar seus cartazes na loja e beneficiar sua comunicação, é a transportadora que vai colocar a foto do seu produto na lateral do caminhão de transporte dela e o seu representante que vai recolher os cupons para sorteio de brindes que as pessoas preencheram e deixaram na loja, e muitas outras ações de marketing nas quais o canal funciona como apoio decisivo.

Negociação: as informações e condições que passam pela cadeia de distribuição dão as necessárias referências que ajudam no estabelecimento do preço do produto. O lojista diz se os seus clientes têm achado o preço caro ou barato; se ele pede um prazo maior para pagar as mercadorias, o custo de estocagem cai e consequentemente seus custos de fabricante também, e assim por diante.

Pedido: o canal, seja o lojista ou o distribuidor, detecta a demanda e repassa ao fabricante um pedido de determinada quantidade de mercadoria para um próximo período de vendas. Além de colaborar para a venda em si, o pedido ajuda a determinar logo uma projeção (de vendas e de quanto deverá ser produzido num período próximo).

Financiamento: muitas vezes, a rede de lojas para a qual o fabricante de um produto está vendendo é muito maior, como empresa, que o próprio fabricante, e pode ajudá-lo, como parceira na cadeia de distribuição, a conseguir financiamento para sua produção com bancos e instituições financeiras. Riscos: quando os produtos são transportados do fabricante até o consumidor final, eles estão sujeitos a uma série de riscos, como os de estocagem; manuseio; validade, quando são perecíveis, como alimentos; enfim, existem vários riscos que precisam ser segurados (seguros dos valores das cargas). Esses seguros têm um custo que é dividido e mais facilmente absorvido pelos participantes da cadeia de distribuição.

Posse dos produtos: de uma ponta do país à outra, um produto pode ser várias vezes estocado e transportado, e sua posse física (e as responsabilidades advindas dela) passam de um canal de distribuição para outro, até o final da cadeia (isto é, até ele chegar à sua casa, confira se está recebendo o que você pediu e se o produto chegou inteiro; se não, *devolva*).

Pagamento (ufa!): você paga o produto ao lojista, que paga ao representante, que paga ao distribuidor, que paga ao fabricante, que paga seus empregados, que compram produtos novamente e pagam ao lojista, que paga ao distribuidor, que paga...

Propriedade (finalmente): revendas de automóveis, por exemplo, vendem carros que elas não têm ainda e que pertencem à montadora. Quando você adquire o carro, a revenda faz a intermediação da transação e fica com um percentual pelo serviço. Quando você for a uma banca de jornal, repare que todos aqueles produtos vendidos ali estão com o jornaleiro apenas em consignação, isto é, se ele vender, ele paga à editora e fica com uma percentagem da venda. O que não é vendido ele devolve à editora sem pagar nada por isso.

3.2 Tipos de distribuição

Distribuição intensiva: você sabe onde se vende Coca-Cola? *Pô*, em qualquer lugar você acha quem venda Coca-Cola ou uma máquina automática com latinhas. Você tem até dificuldade para pensar num lugar onde *não* se vende Coca-Cola. Isso significa colocar o produto no maior número de locais que possam vendê-lo.

Distribuição seletiva: charutos. Você encontra em qualquer lugar? Claro que não! Só em lojas especializadas. Você determina os locais onde seu produto será vendido.

Distribuição exclusiva: uma revenda de carros Fiat pode vender carros da GM? Precisa responder? O intermediário, nesse caso, só pode trabalhar com os produtos de um fabricante.

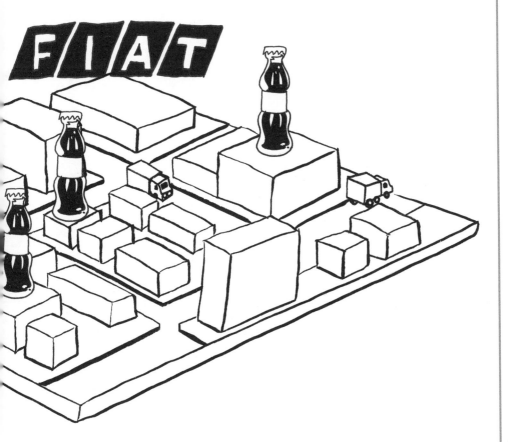

O que é promoção ou propaganda?

Eu disse propaganda. Na verdade, é comunicação. Propaganda era o termo usado para compor aquela historinha dos quatro Ps, mas, na realidade, o trabalho de marketing envolvendo a divulgação de um produto se chama composto de comunicação. Essa comunicação utiliza cinco armas principais: propaganda, marketing direto, promoção de vendas, relações públicas e publicidade e venda pessoal.

Antes de falarmos sobre comunicação, vale a pena fazer um *flashback* do final do século XIX e início do século XX. A comunicação das empresas com seu público, isto é, seus clientes potenciais, era muito pouca ou quase nenhuma. O princípio era o foco no produto, achavam eles, pois a necessidade faria aparecerem os clientes. Bastava o produto ter um nome, uma marca, quem sabe, e o fabricante ter a respeitabilidade por seus produtos "honestos". As vendas seriam mera consequência.

Essa visão não durou muito, pois os negócios se expandiram, a concorrência também, e a sociedade virou sociedade de consumo, um "bicho" que tinha o hábito (e tem até hoje) de comparar produtos e preços. Não bastava ter o produto e colocá-lo à venda, ANUNCIAR que o produto estava à venda, por um determinado preço, e que ele era o melhor que alguém poderia comprar tornou-se fundamental.

Começou a haver um interesse maior por parte dos fabricantes em comprar espaço em jornais e revistas para anunciar seu produto. Bondes puxados por burros tinham pessoas dentro que ficavam um bom tempo sem fazer nada, enquanto durava a viagem; logo, as paredes e o teto do bonde podiam ser **espaços** para anunciar o produto. Ah! E colocar cartazes nas vitrines das lojas passou a ser uma boa! Os fabricantes começaram a pensar: "Que tal montar um grande cartaz no alto de um prédio, assim as pessoas vão poder ver de longe o meu produto, e se ele está no alto é porque é o melhor! Bom!"

Captou? Começou a surgir uma nova e promissora ferramenta para os negócios e uma forma de se ganhar dinheiro. Fazendo propaganda, os fabricantes perceberam que suas vendas aumentavam e seus produtos tornavam-se conhecidos. As primeiras agências de propaganda firmaram-se com o uso da criatividade para diferenciar os produtos que seus clientes vendiam dos da concorrência. Desenhos, fotos, textos e, principalmente, ideias faziam propaganda.

Entretanto, a comunicação não ficou só nisso, e novos conceitos foram sendo criados e transformados em ferramentas de marketing. Novos tipos de MÍDIA (meios para a comunicação se propagar) foram criados, como o cinema e a televisão, juntando-se ao rádio, aos jornais e às revistas como VEÍCULOS da comunicação de produtos e serviços.

Hoje, há a internet, as TVs corporativas, a mídia no ponto de venda, e mais uma infinidade de tipos de mídia, até mesmo o avião que passa na praia com aquela faixa que, quando você vai ler, já passou. O que todos eles fazem é veicular a propaganda que comunica o que o produto tem a oferecer, não só em termos de utilidade, mas, principalmente, em emoção e empatia, para fazer você querer comprá-lo.

Voltemos às cinco armas que a comunicação utiliza para atingir seus objetivos: a propaganda, o marketing direto, a promoção de vendas, relações públicas e publicidade e venda pessoal. Conheça cada uma delas:

Propaganda: uma empresa paga uma agência para criar uma campanha de comunicação do seu produto, e esta veicula a propaganda na mídia mais adequada. A Elegê contrata uma agência, e paga muito bem, para que ela faça a propaganda de um novo leite (leite com gosto de frutas para quem detesta leite, por exemplo). Você pode incluir em propaganda o *merchandising*, que é uma forma camuflada de fazer propaganda (nem sempre bem camuflada). É aquela história dos personagens de novela que vão ao banco "tal" para abrir uma conta e ficam maravilhados com as vantagens que o banco oferece (e ninguém entende o que isso tem a ver com o enredo da novela, mas...).

Marketing direto: através de mala direta (correio), telefone, e-mail e outros, alguém tenta fazer você se interessar em comprar alguma coisa ou serviço. Exemplo? O cara chato que liga toda semana para saber se você quer a assinatura daquele jornal, mesmo que você já tenha dito mil vezes que assina e recebe o jornal, e não vê por que assinar novamente. (Já era hora de alguém bolar campanhas de marketing direto mais eficientes, não é?)

Promoção de vendas: é tudo aquilo que pode levar o consumidor a experimentar o produto. Quando provedores de internet oferecem um mês grátis para quem assinar o seu serviço, esse mês grátis é uma promoção que vai "alavancar" (como todo marqueteiro adora dizer) a venda do serviço, pois vai fazer de você um assinante do site que, se gostar, vai passar a pagar mensalmente pelo acesso.

Relações públicas e publicidade: tudo que pode ser feito para promover a imagem de uma empresa ou de um produto. Por exemplo, empresas que mantêm centros esportivos para crianças carentes em favelas. Elas dão apoio a uma necessidade da comunidade e, em troca, sua imagem perante as pessoas é beneficiada. Discutir as intenções de tais atitudes é importante, pois a ética e o ser humano devem vir sempre em primeiro lugar, os benefícios devem ser decorrência disso. Ações dessa natureza, bem como lançamentos e inovações de qualidade que venham a ser realizados pela empresa, constituem boa parte da matéria-prima para as atividades de assessoria de imprensa e relações públicas. Essas duas áreas trabalham com espaços gratuitos nos meios de comunicação. Como? Interessando o profissional de imprensa pelo valor que a informação a ser divulgada tem como notícia, isto é, como um fato de interesse para o público em geral ou para um segmento do público. Outra forma de publicidade é o patrocínio de atletas, peças de teatro, filmes, eventos e outras modalidades de patrocínio por empresas. Um exemplo? O Skol Beats, evento com VJs, DJs e várias vertentes de beats eletrônicos, patrocinado pelo fabricante da cerveja Skol, idealizado para criar uma identificação entre o produto (da década de 1970) e o público jovem. Dá certo? É uma boa pergunta para você fazer a quem tem menos de vinte anos.

Venda pessoal: é o cara que para você na rua, na praia, no shopping ou em qualquer lugar para tentar vender um produto. É a venda interativa, cara a cara. É o ambulante no sinal, é o cara que vende enciclopédias, é a consultora da Natura, enfim, toda e qualquer ação em que haja interação entre o consumidor potencial e o vendedor (ou seja lá que nome ele tenha) com o objetivo de concretizar a venda.

Todas as ações do processo de comunicação têm a intenção de despertar em você uma motivação que, se espera, resulte numa aquisição da sua

parte. A comunicação, por sua vez, funciona pelo seguinte princípio: quem diz o quê, como, para quem e com que resultado.

São partes integrantes dessa comunicação o EMISSOR, isto é, aquele que emite uma MENSAGEM, que é a informação que se deseja enviar; o **meio** ou mídia, que são os diferentes canais usados para passar a mensagem; e o RECEPTOR, que é você deitadão, relaxado, no sofá da sua casa!

Existem várias maneiras de a comunicação agir sobre os receptores. Estudos revelaram alguns pontos básicos.

Quanto maior o monopólio da fonte de comunicação sobre o receptor, maior é o efeito da mensagem. Quanto mais você é bombardeado por vários meios, com mensagens que dizem que o refrigerante Coiso-Cola mata melhor a sua sede, mais fácil é o convencerem disso.

Se a mensagem coincide com o que você acredita, maiores são seus efeitos. Se você é o fã número um do Coiso-Cola, adora aquele sabor de batata-doce velha, existem grandes chances de a comunicação do Coiso--Cola fazer efeito. Em você, bem entendido.

A comunicação pode ser mais eficaz em assuntos com os quais você não está familiarizado ou que não fazem parte de seu sistema de valores. Por exemplo, o relato das qualidades do motor do carro que eu vendo podem ser bem recebidas por você, se você não é um especialista em motores de automóveis. Um especialista talvez não desse tanta importância a esse fato.

Se a fonte de comunicação tem experiência no assunto, tem *status*, é simpática, ou se destaca em alguma atividade, é mais fácil que a mensagem seja bem-sucedida. É o caso do uso de artistas, atletas e personalidades que têm prestígio com o público, para falar de ou vender produtos.

O contexto social e o grupo no qual você está inserido terão influência fundamental na sua aceitação da comunicação. Não adianta, por exemplo, o carinha ser bombardeado por mensagens de que o chinelo Gatão é o melhor para lhe dar um ar jovem e bem-disposto se, na praia, os seus amigos do vôlei condenam à eterna "boiolice" quem aparece usando um chinelo desses. A mensagem *nunca* terá efeito sobre ele!

4.1 Como funciona uma agência de propaganda?

O profissional de propaganda é um especialista em questões de comunicação. A agência tem por obrigação principal na sua relação com o cliente orientar e desenvolver em parceria suas atividades de comunicação, acompanhando o trabalho de marketing da empresa, organizando campanhas de comunicação e controlando seus resultados finais.

Em geral, o trabalho desenvolvido por uma agência de propaganda está baseado em setores definidos que são:

Criação: é a parte mais evidenciada da agência. São os profissionais que criam as campanhas e as peças publicitárias. São redatores e diretores de arte, auxiliados por outros profissionais, como especialistas em computação gráfica, em RTV (profissionais que cuidam das peças que vão para o rádio, a televisão e o cinema), profissionais de estúdio gráfico e estagiários. São os caras que sonham e conseguem tornar esses sonhos realidade.

Mídia: é o setor que cuida do planejamento da veiculação das peças publicitárias na mídia. Os profissionais de mídia negociam com os veículos (televisão, rádio, jornais, revistas, sites etc.) o preço dos espaços nesses meios, para garantir melhor cobertura do público-alvo, isto é, garantir que, pela verba disponível, o maior número de possíveis interessados naquele produto esteja exposto aos anúncios que serão veiculados na mídia correta, sejam emissoras de rádio e televisão, jornais, revistas, internet, *busdoor*, *metrocom*, *banners*, *displays*, catálogos, folhetos etc.

Planejamento: é a área que mantém a associação mais estreita com o marketing da empresa. São profissionais que planejam o tipo de campanha mais adequada para atingir os objetivos de marketing do cliente. Eles fazem o atendimento ao cliente, isto é, o relacionamento pessoal com a empresa. Executam também toda a pesquisa necessária para descobrir a melhor forma de se comunicar com o público-alvo. Finalmente, essa é a área responsável por descobrir possíveis novos clientes e ainda pelo chamado *tráfego*, a comunicação entre os diversos setores da própria agência.

Administração: cuida da agência como uma empresa, que é o que ela é afinal. Gerencia as finanças, o pessoal, a contabilidade, o almoxarifado, o CPD e os serviços gerais.

Diretoria: normalmente formada pelos sócios que criaram a empresa.

4.2 Desenvolvendo a comunicação

Ao desenvolver um programa de comunicação, é necessário percorrer algumas etapas, isto é, pensar a maneira de se emitir a mensagem para que ela atinja o resultado que você espera.

Em primeiro lugar, a empresa precisa saber para quem ela quer vender o seu produto. Por meio de pesquisas, do *feeling* ou da experiência acumulada por essa empresa em conjunto com a agência, ela vai determinar o PÚBLICO--ALVO, isto é, os consumidores para os quais o produto que quer vender satisfaz um desejo ou uma necessidade. Por exemplo, qual é o público--alvo de um sabonete líquido hidratante? Mulheres, em sua maioria, provavelmente entre 18 e 60 anos, dependendo da marca e do preço do sabonete, ou do conceito associado a ele (reveja no Capítulo 1, no subitem 1.2 "Adicionando valor"); podem ser mulheres das classes A e B (um público mais sofisticado).

Se foi determinado o tipo de consumidor para esse produto, o público--alvo, nesse caso, mulheres, entre 18 e 60 anos, classes A e B, pode-se pesquisar seus hábitos, suas ideias a respeito de higiene pessoal, seu gosto por cheiros e texturas e assim por diante, até que se saiba exatamente que tipo de comunicação fará o melhor efeito sobre esses receptores (público).

Com base nessa pesquisa, será determinado o **objetivo da comunicação**. Vamos dizer que concluímos que a nossa mensagem deve falar dos benefícios do sabonete para a pele ressecada, da limpeza extra que ele faz na pele e que não se vê e da sensação de... "sou uma deusa" que ele deixa após o banho!

Ao preparar a mensagem, a agência vai estudar a melhor maneira de uma peça de propaganda (ou várias peças), isto é, um comercial, por exemplo, mostrar todos esses benefícios. Certamente, o apelo emocional do **conteúdo** da mensagem é o que motivará a consumidora, nesse caso, a comprar o nosso sabonete. Se uma top model estiver no comercial, ótimo! Mas a mensagem deve trazer até você as mesmas sensações que ela, a top model, passa ao falar do sabonete no comercial.

A consumidora tem, a princípio, de acreditar nos benefícios que estão sendo oferecidos. É essa sensação que vai ficar na memória até o dia em que ela, passando em frente à gôndola de sabonetes no supermercado, olhar para aquele sabonete especificamente e colocá-lo no seu carrinho.

A escolha dos canais de comunicação para a mensagem é muito importante para garantir a eficácia de todo esse trabalho. Sejam os canais **pessoais**, como vendedores, profissionais de telemarketing, mala direta com o seu nome e uma promoção fantástica porque você é maravilhosa, sejam os canais **impessoais**, como TVs, jornais, revistas, internet e outros, o pensamento deve ser o de adequar produto, mensagem, público-alvo e canal coerentemente. Isso quer dizer que, ao fazer um anúncio para revista sobre uma loja de *surfwear,* é bem mais coerente escolher um *fanzine* ou a revista *Trip* que a revista *Caras*. É muito improvável que o público-alvo de lojas de *surfwear* leia a revista *Caras*, o mais certo é que leia as do primeiro tipo.

4.3 **A qualidade da mensagem**

A mensagem de um produto não está só em peças de propaganda ou no papo do telemarketing. Ela está também, sutilmente, no ambiente, na maneira de se vestir e em muitos outros aspectos que podem passar despercebidos ao nosso consciente, mas o inconsciente sempre dá o alarme. Quer ver? Ao entrar num consultório médico, o que você, supostamente, espera? Limpeza, silêncio, dedicação do profissional, ambiente sério e discreto? E se você entrasse no tal consultório e encontrasse cadeiras empoeiradas, banheiro sujo, manchas de sangue no avental da enfermeira e, de repente, alguém começasse a gritar lá dentro da sala do médico. O que você faria?

Com certeza, já teria descido correndo as escadas do prédio sem nem esperar pelo elevador. Eu, hein? *Tá* louco!

Pois é, a mensagem transmite muitos significados que nós, por hábitos que nos foram ensinados desde a infância, reconhecemos antes mesmo de pensar sobre eles. Assim, se um vendedor de seguro de saúde aborda você num shopping, para tentar vender um plano, e está vestido de jeans e camiseta, fala um português indigente e tem um certo bafo de quem precisa ir urgentemente ao dentista, bem, é necessário explicar o que você vai fazer? Por isso, as empresas que pesquisam e pensam a respeito do seu público trabalham sua mensagem e o canal de comunicação de acordo com as expectativas do receptor.

É como aquele fabricante de xampu e condicionador que, no último fim de semana, mandou gatas deslumbrantes (desculpe o machismo, senhoritas) distribuírem amostras grátis na praia, e você acreditou quando uma delas disse que o seu cabelo (o que ainda resta) ia ficar supermacio se você usasse aquele xampu. Agora, você só usa aquele xampu, só para lembrar que ela o chamou de gatinho!

A **ética** da mensagem, é claro, é uma das garantias de sucesso da comunicação, pois se os resultados que você obtém ao utilizar um produto ou serviço coincidem com a mensagem, isto é, se você comprova que as qualidades atribuídas ao produto são verdadeiras, existe uma grande chance de se tornar um comprador frequente daquele produto.

A empresa consegue então FIDELIZAR você como consumidor do produto que ela fabrica, isto é, consegue a sua fidelidade no uso do produto. Essa "fidelidade" é a garantia de que você (e seu desejo ou necessidade) está sendo satisfeito. Se você todo mês gasta até o último centavo do seu salário em crediários na loja mais chique para comprar o vestidinho que acabou de ser lançado (caro, caro, caro), é porque você se identifica com os produtos da grife e eles, os produtos, são para você mais do que simples vestimentas: eles lhe dão charme, um ar meio indiferente, uma sensação de ser mais gata, ou seja lá o que você sentiu e a satisfez ao usar as roupas dessa loja. Dane-se se o seu marido vai gritar com você uma semana, lembrando, a cada refeição, quantos pratos de comida valem o vestido. A sensação de prazer e satisfação é uma das mais procuradas pelos seres humanos, inclusive por seu marido.

Administração de marketing

Capítulo 5

A tal história dos quatro Ps, tudo que nós vimos até agora, produto, preço, praça (ou distribuição) e propaganda, esses quatro itens são o marketing mix, ou COMPOSTO DE MARKETING. São as peças fundamentais para se analisar, planejar e trabalhar com marketing. Isso você já viu. Será que é só nisso que se pensa? Não. Mas, sem dúvida, esse é o começo.

O que quer o marketing então? Você já viu que o marketing identifica desejos e necessidades para adaptar a oferta de uma empresa, através de seu composto de marketing, para torná-la uma oferta de produtos e serviços melhor do que a da concorrência. Isso é suficiente?

Novamente, a resposta é não! Existe hoje uma expectativa maior por parte dos consumidores, que pode ser resumida no conceito de marketing societal, isto é, o marketing não pode ter como objetivo apenas a satisfação do cliente, mas deve ir além disso e reconhecer que uma organização ou empresa precisa satisfazer também os anseios de bem-estar da comunidade em que ela se insere, que ela tem responsabilidades sociais quando se estabelece para oferecer produtos ou serviços. Complicado? Pense que as empresas líderes de mercado adicionam valor à sua oferta de produtos com preocupações e serviços que antes não eram oferecidos.

Por exemplo, a indústria de automóveis. Um carro moderno, lançado para conquistar mercado, deve conter itens que demonstrem a preocupação das fábricas com a segurança dos passageiros e do meio ambiente, *air bags* frontais e laterais, para-choques retráteis, catalisadores de escapamento, combustíveis menos poluentes etc. Você pode imaginar o futuro do carro sem esses itens? Pois eles já são uma oferta atual, voltada para uma preocupação com o futuro.

Você, especificamente, pediu por isso? Nem eu, mas a sociedade (todos nós), sim, vem pedindo por isso há algum tempo. Estamos nos tornando, cada vez mais, consumidores conscientes, que lutam por seus direitos. Embalagens recicláveis, comidas com teores nutritivos e vitamínicos, produtos químicos biodegradáveis, tudo isso já se tornou comum para nós, e o marketing societal deve ter a preocupação de ir adiante e buscar benefícios em sua oferta que nós ainda nem sabemos que queremos.

5.1 Sistema de marketing

Vamos pensar agora numa empresa que, tendo produtos, preços estabelecidos, canais de distribuição e sua propaganda preparada, deve relacionar-se com todo um ambiente do qual faz parte. Afinal, ela está dentro da sociedade e precisa de outras empresas, organizações e pessoas para poder fazer negócios.

Ao abrir uma empresa ou negócio, estamos nos inserindo num sistema, numa rede de trocas, negociações, comunicação, fornecimento, compra, enfim, num fluxo entre vários setores da sociedade. Esse é o sistema de marketing.

Vamos lá! Com um exemplo é bem melhor.

Nós, você e eu, resolvemos abrir uma empresa que fabrica *mouse pads*. Para quem não sabe, são aqueles pedaços de espuma sobre os quais se mexe com o mouse do computador.

Investimos em máquinas, alugamos um galpão, compramos equipamento de escritório, contratamos funcionários, instalamos um telefone e fizemos um acordo para fornecimento de espuma necessária à fabricação. Com isso, nós, além de montarmos nossa fábrica, começamos a nos relacionar com um grupo importante no sistema de marketing, os **fornecedores**. É fundamental ter um bom relacionamento com os nossos fornecedores, afinal se não pagarmos o aluguel do galpão ou a conta de telefone, nossa fábrica vai ter problemas para funcionar.

Contudo, não somos apenas nós que fabricamos *mouse pads*. Existem vários fabricantes por aí. Eles são a nossa CONCORRÊNCIA. Prestar o máximo de atenção no trabalho dos concorrentes é o mínimo que podemos fazer para não sermos ultrapassados por eles. E não é só isso, as ações dos concorrentes que são maiores ou melhores do que nós nos dão muitas vezes pistas da direção que devemos ou não seguir. Se a concorrência lança um *mouse pad* com desenhos em 3D, é bom prestarmos atenção se é isso que os clientes estão querendo para podermos tentar fabricar *mouse pads* ainda melhores que os deles, ou, pelo menos, iguais aos que o público quer. Se não, corremos o risco de ver nossa produção encalhada e nosso concorrente ficando rico.

Produzimos, então, nossos primeiros *mouse pads*. Que gracinha! Mas agora temos de colocá-los à venda. Para isso, vamos precisar dos intermediários. São eles: a agência de propaganda, que vai fazer uma campanha de lançamento para o produto, a mídia, que vai publicar nossos anúncios, os distribuidores, que vão levar os *pads* para lojistas em todo o estado, os próprios lojistas, o meu cunhado que vai tentar fazer vendas pessoais no interior, e assim por diante.

Quem quer comprar *mouse pads*? O MERCADO, claro! E ele é composto pelo meu público-alvo, isto é, quem eu acho que vai estar mais interessado em comprar os nossos *mouse pads*. Essa é uma definição que nós temos de obter com base no nosso *feeling* do mercado, ou pesquisando sobre hábitos de consumo de quem tem um computador. Em princípio, qualquer pessoa que tenha um computador pode comprar nossos *mouse pads*, mas a nossa comunicação deve estar direcionada àquele grupo que definiremos como nosso público-alvo principal.

A nossa empresa, os fornecedores, os concorrentes, os intermediários e o mercado fazem parte do **sistema central**. Esses grupos são básicos para que exista um fluxo dentro do sistema de marketing. São os atores principais da nossa história. Sem eles não há negócio e, portanto, não há marketing.

Entretanto, não são só esses os grupos que influenciam o marketing de uma empresa. Num sistema mais periférico, isto é, que gira em torno do sistema central, nós podemos identificar alguns grupos:

Comunidade financeira: é claro que só as nossas economias, mais a grana que seu pai emprestou, não dariam para montar toda a nossa fábrica. Daí que nós pegamos um empréstimo num banco, com juros de pai para filho, para pagar a perder de vista. (O gerente não é seu primo? Então!) Empréstimos, financiamentos e seguros são muitas vezes necessários para o funcionamento de uma empresa. Ter bons relacionamentos com a comunidade financeira ("ter crédito na praça", como seu pai dizia) é bastante saudável.

Imprensa: *pô*, aquele seu primo gente boa conseguiu que fizessem uma reportagem sobre nossos *mouse pads* no caderno de informática do jornal *O Globo*! Choveram pedidos no dia seguinte! Um bom relacionamento com os meios de comunicação, tanto no sentido de criar e ser notícia, como no de manter uma boa imagem da empresa e seu produto, faz parte da atenção do sistema de marketing.

Agências do Governo: todo o setor de atividade da sociedade é regido por normas, geralmente associadas a agências governamentais. Por exemplo, nossa fabricação dos *mouse pads* deve obedecer a normas que respeitem o meio ambiente. Ainda, ao vender os *mouse pads*, nós teremos de pagar impostos ao governo, nossos fornecedores também, e assim por diante. É importante atender às várias regulamentações e estar em dia com as obrigações tributárias, para que as atividades principais do sistema de marketing não sejam prejudicadas.

Grupos de interesse: todo internauta é, em princípio, um consumidor de nossos produtos. Para eles, pode ser interessante criarmos *mouse pads* com uma lista dos sites mais badalados do momento, na Web. É preciso estar sempre atento ao que interessa a esses grupos, que, no fundo, são fundamentais para direcionar nossos esforços de marketing. Outro tipo de grupo de interesse seriam os ecologistas. Caso produzíssemos *mouse pads* nocivos ao meio ambiente, poderíamos enfrentar protestos e outros problemas, mas, claro, nós temos o marketing *societal* em mente, e nossos produtos são ecologicamente corretos.

Público em geral: não é só o nosso público-alvo que está ligado! Como você viu anteriormente, mesmo as pessoas que não têm um computador próprio estão "ligadas" nos meios de comunicação em geral. Manter uma boa imagem para o público, não importando se é o nosso público principal ou não, faz parte do esforço de marketing.

Cansou, *né*? Tanta coisa com que se preocupar!

Pense um pouco! Não é essa a questão! Nossa empresa está inserida na sociedade, e esse é o lugar em que todos dependem de todos e se inter-relacionam, ao menos em tese. Então, o alcance do nosso sistema de marketing não para por aí.

Existe ainda o que se chama de **macroambiente**. É o que diz respeito às questões que afetam toda a sociedade, e não apenas o grupo em que estamos.

Questões **demográficas**. Devemos decidir se vamos vender *mouse pads* para todo o Brasil ou só para determinado estado ou cidade. São objetivos bastante diferentes, que devem levar em conta nossa capacidade de produzir em relação à população. A população de uma cidade média é medida em centenas de milhares, a de um estado em milhões e a do Brasil em centenas de milhões.

Questões **econômicas**. Por exemplo, se precisamos importar certo tipo de material, do qual depende a fabricação dos *pads*, as flutuações do dólar em relação ao real vão influir em nossos custos e, consequentemente, em nossos preços.

Questões **políticas**. Como talvez o apoio que muitos setores empresariais dão a determinados políticos, na esperança de que eles melhorem determinadas legislações e, assim, motivem certos setores da indústria ou do comércio. Tipo aquele vereador que prometeu que vai apresentar um projeto de incentivo às empresas de informática da nossa cidade. Sua eleição interessa diretamente a nós, agora empresários do setor com a nossa fabriqueta. (É sempre bom verificar antes o passado do sujeito e se a nossa ajuda vai estar de acordo com a legislação eleitoral, certo?)

Questões **ecológicas.** Nosso material é reciclável, nossa fábrica não polui o meio ambiente e todo o resto que nós já falamos. Proteger o meio ambiente deve ser sempre uma preocupação nossa, pois de tudo o que já falamos este é, provavelmente, o fator que diz respeito ao futuro, não só do empreendimento, mas também do empresário como ser humano. Falaremos disso mais adiante.

Questões **tecnológicas**. A tecnologia, principalmente no setor de informática, viaja à velocidade da luz, e qualquer novidade na área é do nosso interesse. Mesmo que não diga respeito especificamente ao nosso produto. Já faz tempo, existem teclados, principalmente em notebooks, com *touch pads*, nos quais você move o dedo sobre uma superfície lisa para mover o cursor, que substituem o *mouse*. Essa é uma tendência à qual precisamos estar atentos. Já pensou se todo mundo resolver que é melhor ter teclado com *touch pads* do que ter um *mouse*? Seria melhor aposentar nosso produto e começar a pensar em outro tipo de negócio. Toda atenção nesse sentido é pouca.

Questões **culturais**. Não tem nada a ver com ter estudado ou ser ignorante. Estamos falando dos hábitos culturais gerados por um grupo social. Se vamos exportar nossos *mouse pads* para os países árabes, por exemplo, devemos saber que a cultura deles, ao contrário da nossa, não permite desenhos ou fotos de mulheres em trajes sumários. Isto é, aquele *pad* com uma foto de mulheres em uma praia do Rio de Janeiro pode ser considerado desrespeitoso, e um negócio que parecia promissor, a exportação para esses países, pode acabar antes mesmo de começar. Já aconteceu: a Antarctica tinha em seu logotipo uma estrela de seis pontas;

no primeiro lote de exportação para o Oriente Médio, ela teve de mudar a logomarca, que se confundia com a estrela de David do povo judeu.

5.2 Marketing de relacionamento

Como você viu, no marketing é preciso administrar uma série de relações. À medida que os clientes foram ficando mais exigentes e disputados e a concorrência mais agressiva, o marketing passou a focar mais diretamente o consumidor: em vez de tratá-lo como um número, optou por

conhecê-lo melhor e dispensar a ele um tratamento mais personalizado. Quanto mais você conhece o cliente, seus desejos, hábitos e necessidades, mais fácil é satisfazê-lo.

Por isso, hoje, as empresas estão investindo muito na expansão e no aprimoramento de seus canais de comunicação com os clientes. Um exemplo são os *call centers* das grandes companhias, nos quais as tecnologias de comunicação mantêm abertos e ativos os canais de relacionamento com o consumidor. Equipes à frente de terminais e telefones facilitam a participação do cliente e colhem dados preciosos, que o marketing pode utilizar para o aperfeiçoamento de produtos e serviços, bem como para lançamentos.

Com o uso dos computadores e a queda crescente no custo da memória, foi possível aplicar o conceito de marketing direto com a utilização de *database*. O quê? Continua lendo que eu explico!

Cada vez mais, as empresas pesquisam, entrevistam seus clientes e armazenam as informações obtidas em uma grande base de dados, criando assim um *database*. Então, elas podem apresentar ofertas exclusivas para seus clientes, seduzindo-os (opa) e cativando-os (mais opa), mantendo-os fiéis aos seus produtos e às suas marcas (*ah, bom!*). Por isso, é fundamental usar corretamente as informações para as decisões de marketing.

Sistema de informação de marketing

Capítulo 6

Você já viu que o marketing trabalha com um monte de conceitos sobre vários componentes de um negócio, e que ele não fica só no negócio em si, mas se estende pela sociedade e pelo nosso dia a dia. E o que a gente faz com tanta informação? Criou-se um modelo, estabelecido por Philip Kotler, que se chama **sistema de informação de marketing**. Bonito! E o que ele faz? Kotler? Não, o sistema, é claro!

Esse sistema analisa todas as informações disponíveis para, com base nelas, planejar como vai ser a atuação do marketing da empresa. Essa análise, o planejamento e a sua execução e controle ficam a cargo de uma **gerência de marketing**, que pode ser um gerente, um grupo de pessoas, ou, ainda, uma empresa contratada para isso.

Para que a empresa possa funcionar e o marketing agir efetivamente, existe a necessidade de se obter informações, como vimos, e dar a elas um direcionamento. Mas de onde vêm as informações de que a empresa precisa? Que informações a empresa recebe normalmente? De quais ela precisa e quais ela pode dispensar? De que maneira obter as informações que a empresa ainda não recebe?

De quatro fontes principais que funcionam interligadas. São elas:

a) **Sistema de registros internos** – Vamos pensar no exemplo de uma confecção de porte médio. Ela recebe com frequência pedidos de quantidades específicas de roupas por meio de representantes, vendedores pessoais e clientes lojistas ou atacadistas. A empresa mantém, com certeza, um cadastro de clientes para que possa negociar com eles, informá-los de novidades e receber informações. As reclamações desses clientes também são importantes para ajustar o negócio. A confecção mantém ainda um relatório sobre as vendas efetuadas, com informações do tipo: cliente, quantidade vendida, prazo negociado, peças devolvidas por defeito de fabricação etc.

Para conseguir planejar sua produção, a confecção controla o estoque, de modo que possa saber quando e quanto de tecido, linhas e outros artigos terá de comprar num determinado período. Há um livro que registra as contas a pagar (aluguel, luz, telefone, água, empregados e por aí vai) e a receber (vendas efetuadas), controlando o dinheiro que entra e sai da confecção (o chamado de fluxo de caixa). Lembre-se de que clientes e fornecedores são grupos do sistema central do sistema de marketing (lembrou-se?).

Você já sabe então que nossa primeira fonte de informação, o sistema de registros internos, é composta de:

- registro de pedidos;
- contas a pagar e a receber;
- estoque;
- cadastro de clientes;
- reclamações de clientes;
- cadastro de fornecedores;
- relatório de vendas;
  e outros.

b) A segunda fonte é **o sistema de inteligência de marketing** – Não, não é o 007 a serviço secreto de Sua Majestade! É a maneira de obter informações relativas a outros grupos atuantes no sistema de marketing, como lançamentos da concorrência, tendências dos consumidores, novas regras do setor, mudanças em impostos, enfim, um variado leque de informações.

O gerente responsável pelo marketing deve estar ligado no surgimento dessas informações, acompanhando os meios de comunicação, conversando com consumidores, representantes e fornecedores e sempre farejando o que ainda não se falou por aí!

No entanto, o cara é um só! Como vai dar conta de tudo? É importante que o responsável pelo marketing convença todos que trabalham em campo, isto é, com vendas, a sua **força de vendas**, a ficarem atentos ao que acontece à sua volta e fazer o feedback, dar um retorno ao sistema de inteligência de marketing.

Um hábito comum nesse sistema, em várias empresas, é mandar uma pessoa que representantes e lojistas não conhecem se passar por comprador e obter informações sobre como é feito o atendimento ao cliente, se o seu produto está bem exibido na loja, se ele é o primeiro a ser oferecido, se é a primeira opção do cliente e mais um baú de informações.

O sistema de inteligência de marketing é, então, a antena ligada da gerência de marketing e da força de vendas sobre o que acontece à sua volta e diz respeito ao negócio da empresa.

c) **O sistema de pesquisa de marketing** – Essa é a terceira fonte para obtenção de informações. Você sabe o que é pesquisa de marketing? Se soubesse não estaria lendo o livro, não é? Pesquisa de marketing é o planejamento, a coleta, a análise e a apresentação de informações sobre uma situação específica de marketing enfrentada pela empresa.

Várias organizações fazem pesquisa. Você já ouviu falar do Ibope, do Datafolha e de outros menos famosos. São empresas que vendem seus serviços de pesquisa, que podem ser encomendados sobre um problema específico ou para a obtenção de informações sobre hábitos dos consumidores. São exemplos as chamadas pesquisas quantitativas nas quais predomina a estatística, como: pesquisas de audiência de programas de televisão, pesquisas eleitorais com candidatos, pesquisas de opinião pública sobre determinado assunto e outras mais.

Existem hoje tipos de pesquisas ainda mais aprofundadas, como as pesquisas qualitativas, realizadas por empresas contratadas para investigar mais a fundo o que deve ser mudado. Por exemplo, reúne-se um grupo de umas dez pessoas, escolhidas com base em um perfil de público-alvo, que são convidadas a participar de uma discussão a respeito de um produto ou assunto. Quase sempre, elas não são informadas sobre o objetivo da pesquisa, mas a discussão é orientada por um dos pesquisadores e outros as observam de outra sala, através de um espelho falso ou câmeras de vídeo escondidas. Essas pesquisas permitem avaliar mais detalhadamente os hábitos e as motivações dos consumidores. Se a empresa for grande, ela pode ter seu próprio departamento de pesquisa.

O método mais utilizado para se elaborar uma pesquisa é o seguinte:

- definição do problema e dos objetivos da pesquisa;
- desenvolvimento do plano de pesquisa e dos questionários;
- trabalho de campo;
- coleta das informações;
- análise dos dados coletados;
- apresentação dos resultados da pesquisa.

Bom, aí existe uma grande diferença em relação aos dois primeiros sistemas. Qual é? A grana, é claro! Pesquisa, mesmo feita pela própria empresa, custa dinheiro. É preciso que se tenha certeza da necessidade da pesquisa, do seu foco principal, isto é, "o que nós precisamos saber?" e quanto vai custar esse trabalho, para então dar a partida, porque a pesquisa só acaba com a análise dos resultados apresentados. Não adianta parar no meio, pois o mercado está em constante mudança e os resultados de hoje, certamente, não serão os mesmos de amanhã.

d) A quarta e última fonte é **o sistema de apoio às decisões de marketing**. Parece complicado, não? E é um pouco, sim. Como o próprio nome diz, é toda ferramenta de software, hardware, sistemas coordenados de dados e técnicas que se pode reunir numa empresa para dar certeza, apoio, substância às decisões de marketing.

Tá difícil ainda? Vamos lá! Uma grande ferramenta de apoio às empresas, atualmente, são os softwares de gerenciamento. O que fazem esses pro-

gramas de computador? Por exemplo, o representante de uma concessionária de automóveis de São Paulo digita no computador um pedido, feito por um cliente, de um carro Gol 1.6 de cor vermelha, com trio elétrico e ar-condicionado. O computador dele está ligado ao servidor da montadora. Alguém, lá na montadora, recebe o pedido e verifica, através do mesmo sistema, se ele tem o carro especificado no pátio, no estoque. Se tiver, com uma nova digitação no sistema, ele remete o pedido a várias divisões dentro da montadora, como o setor de vendas, que vai emitir a fatura; o de transporte, que vai colocar o carro num caminhão cegonha e enviá-lo a São Paulo; e também ao departamento de marketing, que ficará sabendo de mais uma opção do consumidor por determinado tipo de carro, com características específicas.

Esse sistema faz com que várias informações circulem na empresa num tempo mínimo, fornecendo dados e apoio, que permitirão ao marketing tomar novas decisões com respeito às suas ações.

O sistema de informação de marketing, juntando essas quatro fontes, permite aos responsáveis pelo marketing da empresa planejar e executar uma estratégia de ações, visando oferecer o melhor produto ao público certo, com a melhor distribuição possível e com a comunicação mais bem direcionada para motivar a compra de seus produtos e, mais importante de tudo, satisfazer o cliente (e torná-lo freguês de caderninho).

6.1 O administrador ou gerente de marketing

Para definirmos essa função, vamos citar Kotler novamente:

> Administração de Marketing é o processo de planejamento e execução da concepção, preço, promoção e distribuição de bens, serviços e ideias para criar trocas com grupos-alvos que satisfaçam os consumidores e os objetivos organizacionais.

Entendeu? Não? Pense uma coisa, ele usa duas palavras que definem bem a primeira tarefa do homem (tudo bem, mulher, mulher também) de marketing: "concepção" e "ideias".

Em resumo, o cara de marketing tem de pensar, criar as ideias, com base nas informações que conseguiu. Quer dizer o seguinte: tudo o que acontece por aí, em negócios, primeiro acontece na cabeça de alguém que percebeu uma *oportunidade*, isto é, uma necessidade, um desejo ainda não satisfeito. Daí o cara planeja e executa várias ações que lhe permitirão atender aquela demanda e, consequentemente, ganhar dinheiro e mercado. Satisfação para os dois lados ou... nada feito! Por isso, o administrador de marketing tem uma obrigação natural com a satisfação, o bem-estar, o sorriso de todos que estão à sua volta.

Se você pensar mais um pouco, você vai ver que estresse, ansiedade e preocupação são o oposto do que acabamos de falar, portanto, meu conselho para futuros administradores de marketing é: tire satisfação do seu trabalho, deixe a criatividade fluir, aproveite a vida ou, então, pense em outro tipo de ocupação!

6

Sistema de informação de marketing

O marketing em outras versões

Capítulo 7

7.1 Marketing cultural e marketing esportivo

O s conceitos de marketing cultural e marketing esportivo existem há muito pouco tempo, talvez há umas duas décadas. Eles nada mais são que os conceitos do marketing aplicados a tipos diferenciados de produtos. No caso do marketing cultural, o produto oferecido é uma manifestação artística como: pintura, dança, música, literatura, teatro etc. Do ponto de vista de quem faz o marketing, o público-alvo são as empresas que podem patrocinar essas manifestações artísticas.

O patrocinador vai então trocar a grana investida no espetáculo pela satisfação estética do consumidor (que é o público-alvo do seu produto). Este, por sua vez, vai associar sua satisfação pessoal com o espetáculo à imagem do produto que o patrocina. Isso cria um clima favorável para aquele cara consumir os produtos daquela empresa em particular.

Quer ver? Quando você assiste a um show de seu artista favorito, que esteja sendo patrocinado por uma marca de cerveja, você bebe a tal cerveja durante a apresentação (deixando a namorada, que não bebe, dirigir na volta); resultado: sai de lá mais leve. Por quê? Porque o seu inconsciente cria uma imagem, mesmo que você não se dê conta disso, que associa prazer ao nome daquela cerveja; afinal, ela lhe proporcionou o prazer de ver o show. A tendência é você querer repetir a experiência outras vezes.

No marketing esportivo acontece coisa semelhante, só que a associação é feita com a vitória e com a sensação de ser um vencedor. O time ganha, o atleta bate o recorde, recebe medalha de ouro, e a imagem da empresa patrocinadora fica associada ao topo do pódio, ao primeiro lugar. Nesse caso, especificamente, há ainda a exploração (no bom sentido) da imagem de atletas vencedores, que são ídolos do público, com o uso do nome do patrocinador em macacões, bonés, camisas e assim por diante.

Você já percebeu que existem semelhanças entre o marketing cultural e o esportivo, mas veja que também há uma diferença na forma de colocá-los em prática: o que talvez nenhum ator de teatro fizesse, usar o boné com o nome do patrocinador em público, o atleta faz sem a menor cerimônia. Você vai dizer que é frescura do ator, mas, na verdade, a performance do atleta está mais associada, na nossa cabeça, ao uso do corpo, ao prazer do corpo; e o corpo permite que você use grifes nas roupas, experimente novidades. Já a manifestação artística diz respeito à cabeça, ao intelecto, ao espírito, e você não aceita que alguém diga como suas ideias devem ser (apesar de os meios de comunicação conseguirem isso indiretamente, mas isso é outro papo). O ator, nesse caso, transmite a arte diretamente a você, como um presente. Enfim, é por isso que o patrocínio tende a ser um pouco mais discreto com relação à pessoa e mais livre com relação ao evento ou espetáculo. Você não vai a uma exposição de quadros de Monet e vê uma pintura maravilhosa dele com a logomarca de uma empresa no cantinho. Entretanto, essa mesma empresa pode colocar uma grande logomarca do lado de fora do prédio da exposição, e você vai pensar: "*Pô*, que caras maneiros, bancaram para a gente ver isso aí de graça... legal!" (lembre-se de que nada é de graça).

7.2 Marketing digital

A internet gerou uma revolução no mundo dos negócios, sem dúvida. E o marketing, como uma ferramenta usada nas relações de troca e satisfação de desejos e necessidades, teve de se adaptar a ela. As pessoas de marketing atualmente estão começando a traçar estratégias para usar bem os recursos da internet.

Qual o principal desafio dessas pessoas então? A velocidade! É, a internet não é um Fórmula 1, mas dá voltas a uma velocidade incrível. A maioria do que hoje é novidade na Web (World Wide Web, o "www" na frente dos endereços) em questão de meses, talvez dias ou horas, se torna obsoleto. Aí vai a grande questão para as empresas: como entrar na internet e ficar e ainda lucrar com isso? A resposta, como sempre, está na outra ponta da comunicação: o consumidor. Ele, mais uma vez, vai dar as cartas.

Tomemos como exemplo as vendas pela internet. Você certamente já ouviu falar da livraria virtual Amazon.com. É a ideia de um americano que resolveu vender livros pela internet. Sucesso total! Milhares de pessoas, no mundo inteiro, acessam diariamente a Amazon em busca de um livro que gostariam de comprar. A Amazon oferece uma variedade incrível de títulos (atualmente ela vende também CDs, eletrônicos e muitos outros produtos), e se você dispõe de um cartão de crédito... Pronto! Em uma ou duas semanas você recebe a sua encomenda.

Fantástico, não? A Amazon está cotada em vários bilhões de dólares na bolsa de valores eletrônica americana (Nasdaq) e, ainda assim, essa ideia formidável dá *prejuízo*. Isso mesmo, prejuízo. É bem simples de entender.

A operação da Amazon, isto é, o processo de receber um pedido via internet, de providenciar o produto, a embalagem, o endereçamento e, por fim, a entrega, que pode ter de ser feita nos confins da China ou no interior do Brasil, não é coberta pelo preço de cada um dos produtos. É óbvio! A livraria do seu bairro pode ter o mesmo produto, pelo mesmo preço, sem a obrigação de despachá-lo para os confins da Terra.

Então, vem cá, por que todos apostam na Amazon e suas ações sobem cada vez mais? Ah, meu caro "webmaníaco" (se já não é, você será, daqui a pouco tempo, pode crer), a aposta na Amazon é a mesma de quem apostou que os computadores pessoais viriam para ficar. São elas:

A facilidade que é, estando sentado à frente de um computador, escolher qualquer produto que se queira comprar e esperar pela entrega.

A imensa variedade de produtos que você pode oferecer numa tela de computador. Na verdade, a empresa não precisa ter o produto em estoque para oferecê-lo na tela: bastam a foto e a descrição dele.

O crescimento acelerado da internet. Brevemente, a maior parte da população da Terra terá a possibilidade de se conectar à Web.

A quebra das barreiras de mercado. Do Brasil, eu posso atingir consumidores de qualquer parte do mundo.

Tudo isso faz com que as ferramentas de marketing tenham de se adaptar a esse novo caminho do mercado. A logística, por exemplo. Como entregar um pedido feito por um árabe que está conectado à rede, mas que se encontra num oásis bem no meio do deserto? E aí? Bom, para entrar na rede e ficar, você vai ter de entender que o consumidor *ainda é o mesmo*. Como assim?

O consumidor ainda quer uma relação de confiança com quem lhe oferece produtos: ele entrega a você o desejo de ter aquele produto, revela em confiança o número do cartão de crédito e fica sentadinho em casa, desamparado, esperando que você cumpra o que prometeu. E aí, meu amigo, se você não cumpre a sua parte, a relação de confiança está quebrada e, diferentemente de um osso, não há gesso que a recupere.

Por isso, muitas novas empresas aparecerão na Web e, rapidamente, deixarão de existir; por isso, as ações de empresas da internet dão lucros extraordinários: pelo seu alto grau de risco. É uma aposta de quem vai sobreviver ou não.

Bom, e o que você tem com isso?

O que você tem com isso é que, mais cedo ou mais tarde, você também pode querer marcar sua presença na Web. Uma coisa é certa: hoje é bem mais prático e barato trocar e-mails, acessar o MSN, ou sites de relacionamento como o Orkut, ou o My Space, e trocar mensagens com pessoas do seu círculo de amizades ou de trabalho do que escrever cartas, memorandos ou ficar pendurado no telefone: 1 x 0 para a internet.

Bola na área, e a internet marca o segundo de cabeça: ela é um meio barato e prático (novamente?) para se fazer pesquisa, saber a previsão do tempo, ler notícias do mundo em tempo real, bater papo com desconhecidos, saber quem foi o campeão mundial de clubes de 1952 e mais um mundo de informações que podem ser úteis ou inúteis, dependendo de quem as procura.

Se eu tenho uma pequena empresa ou um negócio, tenho obrigação de estar na internet. Fazer uma *home page*, ou seja, a página (tela) da minha empresa, que qualquer pessoa conectada à internet possa procurar e ver, é o passo inicial. E é aí que muita gente escorrega. Algumas perguntinhas devem ser respondidas primeiro:

- Que diferença fará para o meu negócio estar na internet?
- Que "cara" eu vou dar para o meu negócio na internet, pensando nas pessoas que vão vê-lo?
- O que eu vou oferecer? Apenas um informativo sobre o que é o meu negócio? Os meios para contatar e contratar a minha empresa? Ou eu vou vender o meu produto pela internet?

É preciso saber até onde suas pernas alcançam para poder dar um passo na direção da internet. E não se esqueça de que é essencial trabalhar com informações precisas e saber fazer um projeto adequado. E mais, as pessoas só acessam sites, ou seja, endereços de páginas na Web, que tenham algum interesse para elas. Crianças procuram principalmente diversão, jogos e pesquisas do colégio. Jovens procuram bate-papos, esportes radicais e música. Profissionais procuram notícias e informação em tempo real. E por aí vai. O que você tem a oferecer que é tão importante para que as pessoas *certas* acessem a sua página? Volte ao início do livro e dê uma olhadinha no subitem "1.2 Adicionando valor ao produto", no Capítulo 1.

Se você faz um site sobre o conjunto de *rap* que você ama e do qual é fã incondicional, pense nos quinhentos outros sites sobre o mesmo assunto. O que você oferece de informação, entretenimento ou dicas que faça o seu site melhor do que os outros? Se você não tem nada de novo a proporcionar, quem irá procurar o seu site?

Vamos supor que você tenha feito o site da sua confecção de *surfwear*: o que o diferencia das centenas de outros semelhantes? Você oferece um informe sobre onde pegar ondas na sua cidade? Dá uma relação atualizada dos mais bem classificados no WQS? Tem uma entrevista com o campeão mundial de surfe deste ano? Pense! O que mais pode atrair os internautas até a sua página?

7.3 Marketing e responsabilidade social

Responsabilidade social é a forma de conduzir os negócios de uma empresa de tal maneira que a torna parceira e corresponsável pelo desenvolvimento social de uma comunidade, cidade, ou mesmo do país. A empresa socialmente responsável é aquela que possui a capacidade de ouvir os interesses das diferentes partes do ambiente em que está inserida – sejam seus acionistas, funcionários, prestadores de serviço, fornecedores, consumidores, comunidade ou governo – e que consegue planejar suas atividades, buscando atender às demandas de todos e não apenas às da empresa.

Responsabilidade social é diferente de filantropia. A filantropia trata basicamente de ação social externa da empresa, tendo como beneficiária principal a comunidade em suas diversas formas (conselhos comunitários, organizações não governamentais, associações comunitárias etc.) e organizações. A responsabilidade social trata diretamente dos negócios da empresa e de como ela os conduz em relação ao mundo em geral. Assim, a responsabilidade social é um processo que nunca se esgota. Não dá para dizer que uma empresa chegou ao limite de sua responsabilidade social, pois sempre há algo a se fazer.

A prática demonstra que um programa de responsabilidade social só traz resultados positivos para a sociedade, e para a empresa, se for realizado de forma autêntica. Desenvolver programas sociais apenas para divulgar a empresa, ou como forma de compensar algum erro ou prejuízo causado por suas atividades, não traz resultados positivos ao longo do tempo. Porém, aquelas empresas que incorporarem os princípios e os aplicarem corretamente vão obter resultados que podem ser percebidos: a valorização da imagem institucional e da marca, maior lealdade do consumidor, maior capacidade de recrutar e manter talentos, flexibilidade e capacidade de adaptação e longevidade. A memória da "boa" responsabilidade social fica na cabeça do público.

A empresa pode desenvolver projetos de responsabilidade social em diversas áreas, com diversos públicos e de diferentes maneiras. Com cada um dos parceiros (acionistas, funcionários, prestadores de serviço, fornecedores, consumidores, comunidade, governo e meio ambiente) a empresa pode desenvolver atividades criativas. Entre as opções estão: incorporação dos conceitos de responsabilidade social na missão da empresa, divulgação deste conceito entre os funcionários e prestadores de serviço, estabelecimento de princípios ambientalistas como uso de materiais reciclados, a promoção da diversidade no local de trabalho e muitas outras.

Não há responsabilidade social sem ética nos negócios. Não adianta uma empresa, de um lado, pagar mal seus funcionários, corromper o meio ambiente, pagar propinas a fiscais do governo e, de outro, desenvolver programas com entidades sociais da comunidade. Essa postura não condiz com a de uma empresa que quer trilhar um caminho de responsabilidade social. É importante seguir uma linha de coerência entre ação e discurso, segundo Paulo Itacarambi, diretor-executivo do Instituto Ethos.

Comportamento ético dos marqueteiros

Uma pergunta que sempre ouvimos é se os marqueteiros podem ter, durante todo o tempo, um comportamento ético no seu trabalho. Será que dá? Como vamos saber? Para pensarmos um pouco sobre isso, tomemos três questões básicas:

1 – Nós nos deparamos com dilemas morais todos os dias. Isso é tão verdadeiro para o marqueteiro como para qualquer outro profissional.

2 – Há evidências de que os marqueteiros querem orientações de seus chefes para ajudá-los a lidar com problemas éticos.

3 – Também é importante compreender que a maioria dos marqueteiros escolhe percorrer o caminho da ética quando o descobre.

Embora todo profissional esteja submetido a constantes dilemas morais, não parece haver dúvidas que o dia a dia de um marqueteiro inclui várias situações nas quais é possível ser antiético:

- A necessidade de atrair a atenção e conquistar a preferência do cliente cria a tentação de se distorcer fatos ou omitir informações relevantes. Mentiras, pequenas ou grandes, que desvirtuem os fatos são claramente antiéticas, além de ilegais.

- Enfrentar uma concorrência acirrada leva alguns marqueteiros a exagerar nas vantagens da sua oferta. Isso também pode ser antiético se a crença nesses exageros resultar em prejuízo para o cliente.

- A ênfase excessiva nas vantagens do nosso produto sobre os demais concorrentes provavelmente não é antiética, uma vez que representa opiniões do marqueteiro – e os clientes esperam que o marqueteiro defenda sua empresa "com unhas e dentes".

- O comportamento antiético também pode ocorrer fora do processo de marketing propriamente dito, e inclui coisas como espionar um concorrente, ou abusar dos benefícios de viagens e diversões.

Uma regra de grande validade nesses casos é posicionar-se no lugar da pessoa que estará sendo afetada por seu ato. Quer seja um empregador, um colega, um concorrente ou um cliente, é preciso observar a questão sob o ponto de vista do outro.

7.4 Marketing e ecologia

A ecologia é o estudo das interações dos seres vivos com o meio ambiente. A palavra ecologia tem origem nos termos gregos *oikos*, que significa casa, e *logos*, estudo, reflexão. Por extensão, seria o estudo da casa ou, de forma mais genérica, do lugar em que se vive. Foi o cientista alemão Ernst Haeckel, em

1869, quem primeiro usou esse termo para designar a parte da Biologia que estuda as relações entre os seres vivos e o ambiente em que vivem, além da distribuição e abundância dos seres vivos no planeta.

No universo do consumo, independentemente de seguir uma linha verde, o marqueteiro tem de se preocupar com as embalagens dos produtos que são desenvolvidas. O ciclo de vida do produto só se esgota quando as embalagens e o próprio produto encerram seu ciclo operacional.

Nova tendência: os ecoprodutos

Pesquisa realizada no Brasil, nos Estados Unidos, no Canadá, na França, na Alemanha, na Itália, na Holanda, nos quatro países nórdicos, na Espanha, no Reino Unido, na Austrália, no Japão, na China e na Índia sobre conscientização dos consumidores revelou que 71% dos consultados frequentemente reciclam papel ou plástico, tiram da tomada seus eletrodomésticos, sistemas de aquecimento e ar-condicionado. Entre os brasileiros, 73% informaram que estão dispostos a diminuir o uso de recursos naturais para reduzir as emissões de carbono. Já 71% aproveitariam mais o biocombustível como forma de diminuir as alterações climáticas, enquanto 62% adotariam produtos renováveis.

Outro dado apontado pelo estudo revela que os países emergentes são os mais preocupados com essa temática e estão prontos para agir: 97% dos consumidores no Brasil, na Índia e na China temem as mudanças de temperatura no globo (contra 85% no mundo todo) e 98% entendem que esse quadro afetará suas vidas (contra 73% na Europa).

A preocupação crescente da sociedade com o desenvolvimento sustentável tem levado as empresas de moda a investir tempo e dinheiro em tentativas de viabilizar seu negócio tendo em mente o meio ambiente. Há várias iniciativas nessa área, que vão além dos requisitos básicos exigidos em lei, e todas ajudam as empresas a fazer bons negócios.

Quando você desenhar sua linha de ecoprodutos, não copie o que já está fora do mundo não ecológico, mas seja verdadeiro e original. Não importa se é um carro, um edifício ou garrafas de detergente. Um dos mandamentos fundamentais em qualquer estratégia de valorização é comunicar os elementos de diferenciação, mesmo que isso signifique não seguir a moda do momento.

Marketing de serviços profissionais

Capítulo 8

Todos têm de vender. Isso se resume numa palavra: comprometimento. Todas as pessoas envolvidas diretamente na atividade profissional que você desenvolve devem estar comprometidas com o objetivo maior dessa atividade. Um exemplo: você tem uma pequena agência de turismo, onde emprega uma secretária, que faz também o papel de recepcionista, um *boy* e seu cunhado que, como você, atende os clientes. É muito importante que você passe para essas pessoas o seu entusiasmo e compromisso com a tarefa de atender bem os clientes.

Conscientize todos de que um bom atendimento, seja falar ao telefone com simpatia, seja a dedicação de resolver uma reclamação, o servir um cafezinho aos clientes, a arrumação e limpeza da sala em que você os recebe, o cumprimento de horários e compromissos, todas essas atitudes vão somar credibilidade ao seu negócio e garantir clientes e, por conseguinte, um melhor faturamento da empresa e novas possibilidades de ganho para todos.

8.1 Qualidade em serviços

Podemos definir qualidade em serviços com os seguintes pontos:

a) **Acesso**: se você quer oferecer o seu serviço, o cliente deve poder achá-lo sem dificuldade e pelo meio mais conveniente: internet, número 0800, catálogos e publicações especializadas etc. Seja como for, seu serviço deve estar à vista (ou "aos ouvidos") de quem o procura.

b) **Comunicação**: expresse na sua comunicação ideias claras e objetivas: – o que você oferece, onde, como, por quanto, o que o diferencia dos demais e o que você oferece a mais (descontos, por exemplo).

c) **Competência**: se for para oferecer um serviço igual ou pior do que os de seus concorrentes, melhor ficar em casa. Lembre-se de que o vice-campeão é esquecido pelo público. Procure sempre ser o melhor no seu tipo de serviço e, para isso, espelhe-se nos melhores de sua área. Faça como eles, e então os supere!

d) **Cortesia**: além de ser usual na nossa sociedade, a atividade de consumir está associada a uma sensação de prazer pessoal. Não estrague o dia de seu cliente oferecendo um serviço em que ele possa ser atendido por pessoas de mau humor; você se arrisca a perdê-lo para sempre. Ofereça simpatia, cortesia e boa educação.

e) **Confiança**: você é a sua palavra. Prometeu tem de cumprir. Os clientes têm de perceber, ao final ou durante o serviço, que o que foi prometido pela comunicação foi cumprido fielmente, para que ele passe a depositar confiança no seu serviço e se sinta estimulado a voltar e usá-lo novamente.

f) **Rapidez:** se você não pode atender às expectativas de seu cliente, *bye-bye*. Ele vai se sentir convidado a procurar a concorrência, portanto, seja eficaz e rápido. Supere as expectativas do seu cliente, surpreenda-o!

O momento da verdade

- **Antes da venda**
Expectativa x Percepção
O que você promete na comunicação com os clientes, seja uma lavagem grátis para quem abastece no seu posto, seja um "atendimento

personalizado", não pode ser negado, pois o cliente vai acreditar que você realmente pode oferecer aquilo. Quer dizer, quando ele for abastecer vai estar esperando, no mínimo, o que você prometeu.

A percepção do cliente antes mesmo de o serviço ser prestado também é fundamental. Imagine, como naquele exemplo que demos, você chegar ao consultório de um médico que lhe indicaram e encontrar um ambiente velho, sujo, decadente e, de quebra, notar que o jaleco do médico está puído e com pequenas manchas de sangue. Arrisca-se a continuar na consulta?

- **Durante a venda**

Execução x Percepção

Todo aquele trabalho de marketing e comunicação que você realizou até agora será testado durante o atendimento aos clientes. É a hora da verdade, quando o que foi prometido tem de ser comprovado, sob pena de você perder a venda e, pior, perder o cliente. Todo cuidado é pouco com as garantias que você dá sobre o atendimento. É a hora em que não pode haver vacilo e, se algo por acaso não for bem, você ainda terá (se a falha puder ser compensada) uma chance de se recuperar perante o cliente. Por exemplo, no caso do posto de gasolina: se o cafezinho grátis estava frio e o frentista jogou água dentro do carro ao lavar o vidro, que tal oferecer um sorvete grátis para o filho do cliente que estava no banco de trás enchendo o saco do pai? Muitas podem ser as soluções, mas o certo é que uma vez quebrada a expectativa, é grande a chance de perder o cliente.

- **Depois da venda**

Lembrança ou recall

Não houve nenhum erro no atendimento ao seu cliente. Ao contrário, ele ficou encantado com os resultados e ainda lhe fez um elogio? Fique certo de que aquele atendimento nota dez ficará gravado na mente dele; mais ainda, ficará associado ao tipo de serviço que você presta. Muito bem! É hora de descansar, certo? Errado. É hora de manter seu serviço na memória do cliente. É o chamado *recall*. Várias ações são possíveis, por exemplo: anote a placa do carro e os dados do motorista que fez uma "geral" no seu posto. Calcule, aproximadamente, quanto tempo ele vai levar para ter de fazer outra "geral" e, na época, ligue para ele lembrando, sem esquecer de dizer que você tem uma nova promoção com descontos para uma série de serviços. A atenção com os detalhes de seu negócio pode levá-lo a descobrir novas formas de estar em contato com seus clientes e agradá-los, dando mais retorno ao seu investimento e dedicação.

Se você é um médico, que tal ligar para saber como seu cliente está se sentindo com a medicação que você receitou? Ele vai ficar satisfeito com a sua consideração e também mais fiel a você; e, convenhamos, todo mundo gosta de um afago.

8.2 Aumentando a produtividade em marketing de serviços

Já que não podemos estocar serviços, e eles variam muito em termos de execução, existem algumas estratégias utilizadas por setores de serviço, que você pode aplicar para aumentar a sua produtividade.

Padronizar os serviços – Você pode reduzir as variações dos serviços prestados, para simplificar processos e ganhar com a especialização. Por exemplo, os serviços de mecânica para carro estão cada vez mais especializados. Antigamente, uma oficina oferecia serviços de lanternagem, mecânica, eletricista, tudo num lugar só e, muitas vezes, era o mesmo cara que fazia todos os tipos de conserto. Hoje, você encontra um tipo de oficina para cada tipo de serviço, com especialistas apenas naquela área.

Industrializar os serviços – Os serviços podem ser analisados e decompostos em etapas mais simples e de mais fácil controle. As farmácias de manipulação, por exemplo, são formadas por vários setores com pessoas treinadas para funções muito específicas: o farmacêutico, os manipuladores, os gerentes, os caixas e os atendentes de balcão. É quase uma linha de montagem industrial em um tipo de serviço que, há uma década, era tido como artesanal!

Delegar para o cliente parte do serviço – Se você usa o serviço de uma locadora de DVDs e games, você sabe que eles lhe delegam a tarefa de devolver o que você locou, num prazo determinado, senão há o risco de pagar uma multa, e ninguém acha isso um fato anormal.

Aumentar o preço nos picos de consumo para desestimular a demanda – No período comercial, as tarifas telefônicas apresentam um *overprice*, ou preço majorado. Assim também acontece com os pedágios no fim de semana, quando é maior o movimento, e as vias são utilizadas por um público específico, que não se importa em pagar mais para usufruir seu lazer.

Dar descontos na baixa demanda para estimular a demanda – Quem viaja sabe que é muito mais barato comprar um pacote turístico na baixa temporada!

Melhorar a seleção e o treinamento de pessoal para padronizar os serviços prestados – É comum profissionais liberais contratarem seus assistentes pensando mais no custo de ter uma pessoa trabalhando em seu consultório ou escritório. Muitas vezes, o que não se percebe é que os assistentes são a interface, isto é, a primeira "cara" do seu serviço para o cliente. Uma secretária que não saiba se expressar direito, uma enfermeira que se vista com desleixo, um vendedor "sem saco" para atender podem transmitir uma ideia completamente errada do seu serviço e então... Lembre-se, "a primeira impressão é a que fica". Vale a pena investir tempo e, às vezes, nem muito dinheiro, para dar treinamento aos profissionais que vão ajudar o seu negócio a decolar!

Aplique essas estratégias, tenha em mente os pontos fundamentais e utilize todas as ferramentas que o marketing põe à sua disposição para criar um serviço de excelência. O seu serviço!

8.3 Marketing de serviços: "o segredo"

Por que alguns profissionais conseguem ter filas de clientes esperando para serem atendidos, enquanto outros amargam horas infindáveis aguardando clientes que não aparecem?

A resposta está na seguinte definição já mencionada: *clientes não compram produtos e serviços; clientes compram soluções de problemas, necessidades e desejos.*

Quanto mais o profissional foca o problema ou desejo do seu cliente, mais fácil fica vender valor e não preço. Preço é um número frio, estabelecido pelo mercado (oferta e demanda); valor, ao contrário, é um fator interno e individual estabelecido pelo grau de necessidade ou de desejo.

Em um serviço, o que o cliente mais deseja e necessita chama-se *confiança*. Vamos analisar o que vem a ser confiança na visão mercadológica.

O parâmetro mais importante para a definição de um profissional conceituado está calcado na confiança dos que entregam a ele a responsabilidade pela solução de seus problemas. Uma vez que o tempo desse profissional não é inesgotável, à medida que a demanda aumenta, isto é, que mais pessoas o procuram, lhe restam duas alternativas: aumentar o valor de sua hora trabalho ou "industrializar o serviço". Por industrialização do serviço entenda-se a organização da oferta do serviço de maneira que se possa aproveitar melhor a demanda.

Num consultório, por exemplo, o auxílio de uma enfermeira (para verificar a temperatura do paciente, pesá-lo, medir-lhe a pressão sanguínea) e de uma boa recepcionista (para colher dados sobre o histórico médico do paciente) pode liberar tempo do médico, além de acelerar o atendimento, permitindo que ele tenha mais clientes e, consequentemente, um rendimento maior sem queda na qualidade dos serviços prestados.

Confiança é uma percepção do cliente, ou mesmo dos concorrentes, em relação ao profissional. As pessoas sempre avaliam a confiança com base em três grandes variáveis, a saber: a história pregressa, a competência e a consistência de imagem.

Diagrama 1

O primeiro vértice do triângulo chama-se consistência de imagem, ou seja: a imagem que você quer passar para o mercado tem de ser compatível com o público que você deseja atingir. É a sua embalagem. Lembre-se de que joias e bons perfumes não são embrulhados em papel-jornal e, para quem não o conhece, vale a frase: *embalagem é tudo!*

Muitos profissionais altamente qualificados (até mais do que alguns concorrentes) reclamam que o mundo não lhes dá valor, que o mundo não os reconhece... Mas quando vão ao supermercado são exigentes quanto às embalagens dos produtos que compram: não podem estar sujas, amassadas, danificadas; e, se possível, ainda escolhem as mais bonitas e vistosas! Esquecem-se de que os clientes, em relação aos serviços, agem da mesma maneira. Eles acabam por não se preocupar com "pequenos detalhes" de sua embalagem profissional, como roupas, postura, escritório, comunicados etc. Acreditam, enfim, que basta ter um bom produto que "ele se vende".

Se você tem um consultório, por exemplo, não precisa ir muito longe para entender sobre consistência de imagem. Pegue uma revista de sua sala de espera. Vamos lá! Sem preguiça!

Se a revista é uma *Caras*, ao folheá-la, você vai ver várias pessoas famosas, artistas, atrizes, cantores e coisa e tal. Cada uma delas "aparece" vestida para o seu público, falando de sua "vida íntima" exatamente aquilo que se espera. Você não vai ver o cantor brega Falcão vestido num terno azul-marinho bem cortado, sentado no belo sofá de uma mansão bem decorada. Possivelmente, Falcão terá uma casa "decorada" com mil e uma bugigangas coloridas, estará de short verde-abacate, camiseta rosa-choque e com dúzias de cordões no pescoço, deitado numa rede legitimamente nordestina, estendida no meio da sala. Você pode achar horrível, mas essa é a imagem do Falcão para o público do Falcão! Agora, me diga uma coisa: você pode imaginar o Antônio Ermírio de Moraes se apresentando do mesmo jeito que o Falcão? Como ele estaria vestido? Como seria a decoração da casa dele? Imaginou?

Alertamos para o seguinte: você nunca terá uma segunda chance de causar uma boa primeira impressão. Capriche! E lembre-se: você vende sua imagem 24 horas por dia, 365 dias por ano, ufa!

Quanto ao aspecto da competência, o cliente avalia o resultado, os valores do profissional na prestação do serviço. Uma vez superada a barreira da imagem, você será avaliado pelo cliente na qualidade do seu atendimento, nos resultados que você vai proporcionar.

Um aspecto pertinente à competência é que ela é uma questão de área, isto é, ninguém é competente em todas as áreas. Podemos ser competentes no setor empresarial e não o sermos no esportivo, termos sucesso na política e fracassarmos no campo da Psicologia, e assim por diante. Muitas vezes, entretanto, a própria sociedade entende que uma pessoa que foi bem-sucedida em determinada área pode sê-lo em outra.

Tomemos o caso de Pelé, uma pessoa altamente competente na área esportiva, mas nem tão feliz na política. Ou o de Felipe Massa, um grande piloto, de reconhecida competência na área automobilística e habilitado a orientar com sucesso uma escuderia. Qual seria a vantagem, entretanto, de pedir a Massa conselhos políticos ou médicos? É praticamente impossível transferir sua competência de bom decisor na área automobilística para um campo muito mais complexo, como o político ou o médico.

Surge aí uma questão: as pessoas, muitas vezes, incorrem no erro de empregar profissionais de reconhecida competência num determinado campo para tomarem decisões em áreas com as quais eles não estão muito bem familiarizados.

Por que pedimos a um artista da Globo ou a um atleta de renome que opine sobre política, economia ou algo que o valha? É porque acreditamos que, como eles tiveram sucesso como decisores em suas áreas específicas, teoricamente, deveriam tê-lo também em outros campos de atividade, o que é um erro de avaliação.

Concluindo o modelo da confiança: por história pregressa entenda-se o passado de sucesso (ou fracassos...), isto é, o número de decisões tomadas por alguém, que acabam por gerar um histórico que o qualifica como um bom profissional ou não.

Lembre-se de que cultivar um bom *network*, uma boa rede de relacionamentos, ajuda a "alavancar" a história pregressa no futuro. Clientes, clientes antigos, ex-clientes, fornecedores são poderosos aliados para você construir seu *network*. Mantenha essa rede viva com cartões, telefonemas, reuniões, informativos, enfim, qualquer meio que preserve sua imagem positiva na rede; quanto mais pessoas falarem bem de você, melhor. Marque presença em clubes, associações de classes, comunidades; participe! Quem tem mais a lucrar é você mesmo! E o universo agradece!

Já que você está construindo o *seu* futuro, não deixe de pensar a longo prazo também.

8.4 O que os clientes compram?

Lembrando que clientes não compram produtos e serviços, apresentamos aqui a escola Neomaslow, que descreve as cinco maiores necessidades dos consumidores. Abraham Maslow foi um psicólogo e pesquisador americano que, nos anos 1970, criou um modelo para estudar essas necessidades.

Vimos que os clientes no fundo têm problemas e estão dispostos a pagar a quem possa ajudá-los a resolver esses problemas, e atender a esses desejos e essas necessidades. Quando identificamos em alguém uma necessidade mais premente, a satisfação dessa necessidade torna-se um elemento de motivação. Como assim? Pense!

Maslow foi pioneiro em mapear as necessidades humanas, atribuindo a elas fatores de atendimento ou moedas. Complicado? Segundo Maslow, o indivíduo seguiria uma sequência de necessidades (veja o diagrama a seguir), e cada necessidade poderia ser paga com uma "moeda".

Diagrama 2 – Escala de necessidades de Maslow (modelo clássico).

A primeira necessidade, a de sobrevivência, está intimamente ligada às condições básicas da existência humana, ou seja, alimentação, moradia, vestuário, entre outras coisas, que são pagas com a moeda dinheiro.

Uma vez satisfeita a necessidade de sobrevivência, o indivíduo adotaria um novo patamar, em busca de segurança, para manter-se no estado de "não perda". Não perder saúde, dinheiro, beleza ou *status*, por exemplo, nos garante *segurança*. Essa necessidade seria remunerada com a moeda da "expectativa" e a crença da não perda. Clientes procuram profissionais, advogados, médicos, pastores e dentistas porque estão com medo da perda da saúde, do conforto, do dinheiro etc.

Atendida a necessidade de segurança, o indivíduo se voltaria para as necessidades sociais ou afetivas, ou seja, de ser aceito no seu grupo e na sociedade, pela atenção e o carinho dos demais. A moeda de pagamento chama-se atenção e, no grau mais íntimo, carinho. *Clientes adoram ser únicos, exclusivos!* Identifique-se com seu cliente, utilize corretamente as informações coletadas nas salas de espera. Personalize seu atendimento.

Ainda não acabou! Vamos nessa! Após a necessidade afetiva, segundo Maslow, o homem passaria a ter uma necessidade de estima ou *status*, cujo pagamento se dá pelo reconhecimento e pela distinção do seu grupo de referência e pela sociedade. Nesse aspecto, entram todos os símbolos de projeção social: Rolex, BMW, Mont Blanc e assim por diante, que as organizações sabiamente utilizam quando enfocam a administração de carreiras (tamanhos de salas, tipos de carros etc.). Um bom escritório, e bem localizado, boas roupas e limpeza causam boa impressão. Lembre-se de que é muito difícil vender confiança, se você não passa confiança, se não aparenta ser um profissional bem-sucedido (você pede ajuda para quem está pior do que você?).

Finalmente, após ter satisfeito essas necessidades, o indivíduo ansiaria pela autorrealização (o A.R. do topo da pirâmide), ou seja, sua satisfação pessoal no plano cósmico ou no espiritual, o que você preferir. Nesse nível, a remuneração dar-se-ia (bonito, não?) pelo desafio, pela busca do prazer e do desenvolvimento espiritual.

Feita a revisão da teoria de Maslow, vamos às críticas:

Na prática, não se verifica essa linearidade na ordem das necessidades. É comum observar pessoas com necessidade de autorrealização elevada e que não têm as demais satisfeitas. Os seguidores de Maslow propuseram, então, a teoria "neomaslowiana" (que nome!) que, com base na observação prática, ajustou o modelo clássico de Maslow, conforme o diagrama a seguir.

Diagrama 3 – Escala de necessidades neomaslow (modelo moderno).

De acordo com o diagrama, observamos que existe uma necessidade básica de sobrevivência, que antecede todas as demais. A partir daí, as necessidades restantes não têm hierarquia sobre as outras, ou seja, a ordem delas varia de indivíduo para indivíduo, e, no mesmo indivíduo, se modifica de acordo com o momento em que ele se encontra.

No exemplo, o triângulo apresentado indicava supostamente uma sobrevivência baixa e destaque para a autorrealização e o afeto, mas isso é só um exemplo. A sobrevivência poderia ser o ponto principal e ocupar 90% da figura. Adotar a escala neomaslowiana como referência permite identificar, em determinado momento, a necessidade mais importante de um aluno, subordinado ou filho e, com base na sua satisfação, utilizá--la como alavanca motivacional e fator de mudança. Para exemplificar: perguntemos a um homem que está há uma semana no deserto se um copo de água para ele teria o mesmo valor, caso estivesse se afogando.

Esse papo todo é só para lembrá-lo de que cada cliente tem um padrão distinto de necessidade e que esse padrão pode variar em um dado momento da vida dele. É preciso saber identificar a necessidade que tem prioridade no momento (que pode não ser a mesma no momento seguinte). Fique atento!

Marketing então é...

Apesar da banalização do uso da palavra marketing, acho que você percebeu neste livro o que o marketing pode e deve ser. Marketing é um saber, um conhecimento, mais uma ferramenta para entendermos o homem e suas relações com a sociedade.

Marketing não pode ser simplificado como um estudo da relação homem-mercado. Ele vai além e integra a essa visão uma percepção do futuro, de como nós vamos trabalhar nossas relações de troca para conseguirmos melhorar nossa forma de viver, nossa forma de interagir com o meio ambiente e, principalmente, promover relações mais éticas e verdadeiras entre nós mesmos, a galera do planeta Terra, por um mundo melhor.

Valeu! Um grande abraço, e até a próxima!

Exercícios

Capítulo 1

1. Pense um pouco e relacione cinco desejos ou necessidades que um computador pode satisfazer.

2. Escolha uma marca de pasta de dentes e diga que ideias você pode relacionar ao nome da marca e seu símbolo. Vá em frente e imagine outro produto com marca, nome e embalagem!

3. Quais são os atributos dos serviços que uma videolocadora presta e qual seria uma boa evolução para eles?

Capítulo 2

1. Que estratégia de preço, das quatro que nós vimos, a Fiat, montadora de automóveis, utiliza para o lançamento de seus carros? Pesquise nos jornais os preços de carros novos da Fiat e o que eles oferecem de diferencial. Compare-os com os dos concorrentes.

2. Que hábitos dos consumidores você teria de pesquisar para lançar uma nova marca de tênis de corrida no mercado e estipular seu preço? Considere o que um consumidor desse tipo de calçado pensa na hora em que decide comprar um.

3. Cite o que seriam alguns dos diferentes símbolos de *status* para um "emergente", para sua empregada doméstica e para você mesmo.

Capítulo 3

1. Monte uma cadeia de distribuição imaginária, na qual você é um fabricante de doce de leite do sul de Minas e quer fazer o seu produto chegar às principais cidades do Estado de São Paulo. Pense que alimentos são produtos perecíveis, isto é, estragam com facilidade.

2. Diga que tipo de distribuição (intensiva, exclusiva ou seletiva) têm os seguintes produtos: margarina Delícia, cigarros Marlboro, camisas Richard's (grife de roupas masculinas, voltada para o público classe A) e livros.

3. Cite um produto que você tem visto em propagandas, mas não consegue encontrar em lojas. Qual seria a falha da cadeia de distribuição?

Capítulo 4

1. Dê cinco exemplos de: propaganda, marketing direto, promoção de vendas, relações públicas ou publicidade e venda pessoal.

2. Identifique o público-alvo do feijão ComBrasil. Se quiser fazer outras tentativas, pense no público-alvo de outros produtos.

3. Discuta, com amigos, propagandas que você considera que não atingem o objetivo de comunicação e outras que você acha que são OK.

Capítulo 5

1. Vamos ver se deu para entender legal essa história de sistema de marketing. Tente imaginar que você vai abrir um negócio que tem por objetivo vender determinado produto. Tente montar todo o sistema de marketing com exemplos de todos os grupos atuantes, como concorrentes, intermediários, público-alvo etc. Não esqueça de dividir em sistema central, periférico e macroambiente.

Capítulo 6

1. Já que estamos brincando de empresa, monte um sistema de informação de marketing que deveria ter uma rede de lojas de roupa feminina (estabeleça que tipo de loja) com sede com galpão para estoque e três lojas em bairros diferentes da cidade.

   (Lembre-se de que a comunicação entre os setores dessa rede e a rapidez com que a informação circula dentro da empresa são fundamentais para o bom desempenho do negócio.)

Capítulo 7
Estudo de casos

Caso 1:

Jorge, ex-funcionário de um banco estatal, aderiu a um programa de demissão voluntária e deixou o emprego decidido a se tornar um pequeno empresário. Com o dinheiro que recebeu do banco, ele comprou quatro vans e montou uma empresa de transporte.

Nos últimos anos, porém, o mercado de transportes sofre com uma concorrência predatória em virtude do aumento indiscriminado do número de vans que fazem esse serviço. Com isso, Jorge viu seu lucro despencar rapidamente. Suas vans deixaram de receber a manutenção necessária e estão virando verdadeiras carroças. Uma delas está na oficina há quase um mês, e ele não tem dinheiro para fazer o conserto. Jorge está com medo de que o mesmo possa acontecer com o resto de sua frota, está confuso e pensa até em mudar de ramo.

O que você aconselharia Jorge a fazer? Ele deve mudar de ramo?

Caso 2:

Tiago, dentista recém-formado, foi o primeiro de sua turma numa das melhores faculdades de Odontologia do Brasil. Ele acredita que isso é suficiente para fazer sua carreira decolar, que sua qualificação vai ser reconhecida pelo mercado.

O que ele deve fazer para que isso aconteça? Que caminhos ele deve seguir para que sua qualidade reverta em uma brilhante carreira profissional?

Caso 3:

Mara é cabeleireira. Ela formou sua clientela ao longo dos anos, em meio às pessoas que moravam nas ruas próximas ao salão. Hoje, já uma senhora, Mara tem visto sua renda cair à medida que seus antigos clientes mudam-se para outros bairros e outros vão falecendo. Não sendo a dona do salão, ela tem pensado seriamente sobre o que fazer nessa situação.

Qual dos quatro "Ps" é o mais importante para Mara poder reverter esse quadro? Por quê?

Caso 4:

José tem uma pequena oficina para conserto de TVs e DVD players. Formado pelo IUB (Instituto Universal Brasileiro, de cursos a distância), ele tem cada vez menos serviços. Seus orçamentos são rejeitados sob a alegação de preço alto, já que um aparelho de DVD está cada dia mais barato.

Analise pelos quatro "Ps" qual a melhor atitude que José poderia tomar.

Caso 5:

Pedro é um pediatra estabelecido, com mais de dez anos de atuação profissional, entretanto, não consegue aumentar sua clientela e, consequentemente, seus rendimentos, embora tire apenas vinte dias de férias por ano, entre 20 de dezembro e 10 de janeiro. Ele está preocupado com o futuro, pois gostaria de manter ou aumentar seus rendimentos trabalhando um pouco menos.

O que Pedro pode fazer para industrializar seu serviço?

Caso 6:

Renata morou durante cinco anos no Japão, trabalhando em empregos diferentes. Com saudades da família, ela voltou ao Brasil e tem tentado arrumar emprego, mas sem sucesso. Até ser *sushiwoman* ela tentou, porém, foi preterida por não ter experiência. Renata gosta de culinária japonesa e conhece bem o assunto, mas está desesperançada.

Qual o seu conselho para que ela possa permanecer fazendo o que gosta e conhece bem?

Caso 7:

Apesar de toda a pressão de seus pais, Ricardo, surfista apaixonado pelo mar, não quer fazer faculdade. O pai gostaria que Ricardo fosse advogado, como ele próprio, e teme pelo futuro do filho.

Como consultor de Ricardo, liste dez alternativas para que ele tenha uma carreira e continue fazendo o que gosta.

Caso 8:

Carlos é um estudante mineiro que veio fazer um curso de *webdesign* no Rio de Janeiro. Ele foi muito bem no curso e, além disso, adorou a Cidade Maravilhosa. Decidido a entrar na onda da "nova economia", Carlos resolveu ficar no Rio e desenvolver um *site* sobre "mudanças residenciais".

Como você imagina que deve ser o site de Carlos? O que ele deve conter? Quais seriam os possíveis patrocinadores da ideia? Como ele pode divulgar o novo site?

Caso 9:

Sônia trabalha numa fábrica de anéis de formatura que pertencia a seu avô e que hoje é gerida por seu pai. Infelizmente, a cada ano, a demanda pelos anéis cai mais. Apesar de seu pai ter baixado os preços, a demanda não aumentou.

Identifique as possíveis causas dessa situação.

Oriente Sônia para que, continuando a produzir anéis, ela possa tirar o negócio da família do buraco.

Como Sônia pode usar o sistema de marketing para obter bons resultados?

Caso 10:

Mônica e seu marido Gilberto investiram todas as suas economias para montar uma pequena confecção de biquínis. Trabalharam duro todo o inverno e a primavera. Fizeram um bom estoque de peças, calcularam um bom preço para vender às lojas e espalharam folhetos nas redondezas da confecção. Para desespero dos dois, o verão chegou e as encomendas não corresponderam nem à metade do estoque.

Com base no sistema de informação de marketing, identifique as ações que podem ajudar Mônica e Gilberto a "desovar" sua produção e não perder o verão.

Como se chama o fator que dá nome à procura por determinado produto em determinada época do ano?

Atenção! Antes de estudar cada caso, lembre-se do seguinte: não existe apenas uma resposta correta! Pense, reflita, estude caminhos diferentes!

Dicionário do aprendiz de marketing

ATRIBUTOS – Características pertinentes a produtos e serviços, que proporcionam benefícios aos consumidores.

BENEFÍCIOS – Soluções de problemas ou atendimento de desejos do consumidor, promovidos pelo uso correto dos atributos do produto ou serviço.

BENS DE CONSUMO – São produtos que se extinguem pelo uso (ex.: hambúrger, sabonete, bebidas etc.).

BENS INDUSTRIAIS – São produtos utilizados por clientes que produzem outros produtos (ex.: o fio com que é feito o tecido, as máquinas usadas para fabricar roupas, a tinta da caneta Bic etc.).

CADEIA DE DISTRIBUIÇÃO – Conjunto dos agentes econômicos que participam da praça.

CANAL DE COMUNICAÇÃO – Meio utilizado para conduzir a mensagem do transmissor ao receptor.

CARREIRA – Percurso profissional percorrido, ou a percorrer.

CICLO DE VIDA – Curva que acompanha a evolução do tempo de um produto. Apresenta as seguintes fases: introdução, crescimento, maturidade e declínio.

COMMODITIES – Produtos padronizados, sem muita diferenciação de qualidade (ex.: sal, cimento tipo Portland, brita tipo 1 etc.).

COMPOSTO DE MARKETING, OU MARKETING MIX – São as principais ferramentas que o profissional de marketing utiliza para gerenciar. São agrupadas em quatro "Ps", segundo a teoria clássica de marketing: preço, produto, praça e promoção.

• PRODUTO. Tudo que é objeto de troca (processo de compra e venda) para a satisfação de necessidades ou desejos.

• PREÇO. Montante em dinheiro, energia e tempo necessários para trocar um produto.

- **Praça** (ou Distribuição). Conjunto dos agentes que constituem meio para se realizar a troca.

- **Promoção (ou Propaganda)**. Todo e qualquer esforço de comunicação utilizado para promover ou facilitar a troca.

Concorrência – Conjunto dos agentes econômicos que oferecem produtos para satisfazer às mesmas necessidades ou desejos do cliente.

Custos variáveis – Apropriações necessárias à fabricação, transporte e venda de produtos (ex.: matéria-prima, mão de obra etc.).

Custos fixos – Apropriações necessárias para gerar a infraestrutura que viabilize a fabricação e a administração dos negócios (ex.: aluguel, contador etc.).

Database – Conjunto de dados organizados em meio eletrônico e que servem de base a decisões empresariais.

Demanda – Conjunto de pessoas, físicas ou jurídicas, que querem e podem participar de um processo de troca de produtos e serviços.

Desejos – São particularizações de necessidades (comida é uma necessidade; hambúrger é um desejo).

Diferencial – Aquilo que o cliente não espera, isto é, que supera suas expectativas com relação a determinado produto ou serviço.

Distribuição – Operação de se fazer chegar o produto até o consumidor, e que, antigamente, denominava-se "praça". Hoje, também se usa o termo "logística" para se referir a esse processo.

Embalagem – Tudo o que é pertinente e agregado ao produto para permitir as operações de estocagem, identificação, transporte e uso.

Emissor – Aquele que emite a mensagem.

Feedback – Processo de retroalimentação. Por exemplo, a pesquisa de mercado traz informações sobre o produto que antes eram desconhecidas, permitindo um constante ajuste das ações de marketing.

Fidelização – Processo de conversão do consumidor eventual em habitual.

Intermediários – Aqueles que se situam entre os fabricantes e usuários dos produtos.

Logomarca – Versão gráfica da marca.

Lucro – Diferença entre a receita e o total das despesas.

Marca – Registro gráfico que promove a identidade de um produto.

Marca registrada/*trade mark* – É o resultado do processo de registro de proteção da identidade de um produto.

Market share – Fatia que os vários concorrentes detêm em um dado mercado.

Marketing – Palavra formada por *market*, "mercado" em inglês, mais o sufixo *ing*, que designa gerúndio, indicando uma ação em curso. Podemos deduzir, então, que se trata de uma ação contínua sobre o mercado, no sentido de pesquisá-lo, compreendê-lo e buscar estratégias e soluções. Numa tradução livre, marketing seria: "fazendo mercado".

Mensagem – Aquilo que é comunicado. É o apelo emocional de seu conteúdo que motiva a compra.

Mercado – Espaço ou meio em que a oferta se encontra com a demanda.

Mídia – Meios de comunicação utilizados para veicular a mensagem.

Necessidades – Caracterizam estados em que a privação da satisfação gera sofrimento (ex.: necessidades básicas, como as de sobrevivência, moradia etc.).

Oferta – Conjunto de agentes e produtos disponíveis para a troca.

Pesquisa de mercado – Ato de prospectar, coletar e analisar informações no mercado.

Planejamento – Organização de decisões sobre o futuro.

Praça – *Veja distribuição.*

Público-alvo – Conjunto de clientes para o qual o produto é destinado.

Receita – Resultado financeiro bruto, decorrente da troca dos produtos.

Receptor – Aquele que recebe a mensagem.

Segmentação – Processo de separar por partes um todo heterogêneo, a fim de prover partes mais homogêneas para análise e uso.

Serviços – São produtos, cuja maior parte dos atributos é intangível (a mão de obra que o mecânico cobra para consertar o carro).

Site – Página(s) específica(s) de um dado agente na Web.

Tangível – Palpável, comprovável.

Transmissor – Aquele que emite a mensagem.

Veículo – *Veja mídia.*

Web – Espaço da internet.

Bibliografia para quem deseja se aprofundar no assunto

BARON, Jonathan. *Thinking and deciding*. 2.ed. Cambridge: Cambridge University Press, 1994.

BATEMAN, Thomas S. *Administração, construindo vantagem competitiva*. São Paulo: Atlas, 1998.

CLEMEN, Robert T. *Making hard decision: an introduction to decision analysis*. 2.ed. Nova York: Duxbury Press, 1994.

DAWES, Robyn. *Rational choice in an uncertain world*. Orlando: Harcourt Brace Jovanovich, 1988

DESCHMPS, Jean Phillipe; NAYAK, P. Ranganath. *Produtos irresistíveis*. São Paulo: Makron, 1996.

DURO, Jorge. *Decidir ou não decidir*. Rio de Janeiro: Quality Mark, 1998.

HAMPTON, David. *Princípios de administração*. São Paulo: Mc Graw Hill, 1979.

HARRISON, E. Franck. *Managerial decision making process*. Chicago: Hougthton Miffilin Co. International Dolphin Edition, 1985.

KEENEY, Ralph L. *Value focused thinking: a path in creative decisionmaking*. Cambrige: Harvard University, 1992.

KOTLER, Phillip. *Administração de marketing*. São Paulo: Atias, 1998.

LAS CASAS, Alexandre L. *Plano de marketing para micro e pequena empresa*. São Paulo: Atlas, 1998.

ROCHA, Ângela; CHRISTENSEN, Carl. *Marketing: teoria e prática no Brasil*. São Paulo: Atlas, 1999.

SANDHUSEN, Richard. *Marketing básico*. São Paulo: Saraiva, 1998.

SCHEWE, Charles D.; SMITH, Reuben. *Marketing: conceitos, casos e aplicações*. São Paulo: Makron, 1982.

Distribuidores pelo Brasil

Entre em contato com nossos distribuidores e descubra qual a livraria mais próxima de você.

DISTRITO FEDERAL
Gallafassi Editora e Distribuidora Ltda.
SAAN QUADRA 2, nº 1.110/1.120
70632-200 – Brasília – DF
tel.: (61) 3039-4686 – fax: (61) 3036-8747
e-mail: vendas@gallafassi.com.br

ESPÍRITO SANTO
Editora Senac Rio
Rua Marquês de Abrantes, 99/2º andar – Flamengo
22230-060 – Rio de Janeiro – RJ
tel.: (21) 3138-1385/3138-1512
e-mail: comercial.editora@rj.senac.br

GOIÁS
Planalto Distribuidora de Livros
Rua 70, 620 – Centro
74055-120 – Goiânia – GO
tel.: (62) 3212-2988 – fax: (62) 3225-6400
e-mail: sebastiaodemiranda@terra.com.br

Gallafassi Editora e Distribuidora Ltda.
Rua 70, 601 Centro
74055-120 – Goiânia – GO
tel.: (62) 3941-6329 – fax: (62) 3941-4847
e-mail: vendas.go@gallafassi.com.br

MINAS GERAIS
Silsan Representações
Rua Cento e Trinta e Seis, 509 – Jd. Laguna
32140-400 – Contagem – MG
tel./fax: (31) 3393-7368 Sr. Gil Aurélio
e-mail: gilsaldanha@ibest.com.br

PARANÁ
Distribuidora de Livros Curitiba Ltda.
Av. Marechal Floriano Peixoto, 1.742 – Rebouças
80230-110 – Curitiba – PR
tel.: (41) 3330-5000 / 3330-5046 – fax: (41) 3333-5047
e-mail: atendimento@livrariascuritiba.com.br

RIO GRANDE DO SUL
Livros de Negócios Ltda.
Rua Demétrio Ribeiro, 1.164/1.170 – Centro
90010-313 – Porto Alegre – RS
tel.: (51) 3211-1445 / 3211-1340 / 3211-1242 – fax: (51) 3211-0596
e-mail: livros@livrosdenegocios.com.br

SANTA CATARINA
Livrarias Catarinense
Rua João Cruz Silva, 113 – Estreito
88085-100 – Florianópolis – SC
tel.: (48) 3271-6014 – fax: (48) 3244-6305
e-mail: vendassc@livrariascuritiba.com.br

SÃO PAULO
Editora Senac São Paulo
Rua Rui Barbosa, 377 – 1º andar – Bela Vista
01326-010 – São Paulo – SP
Caixa Postal 1.120 – CEP 01032-970
tel.: (11) 2187-4453 – fax: (11) 2187-4486
e-mail: pedido@sp.senac.br

Disal S.A
Av. Marquês de São Vicente, 182 – Barra Funda
01139-000 – São Paulo – SP
tel.: (11) 3226-3100 / 3226-3111 – Vendas – fax: (11) 0800 770-7105 / 7106
e-mail: comercialdisal@disal.com.br

Bookmix Comércio de Livros Ltda.
Rua Jesuíno Pascoal, 118
01233-001 – São Paulo – SP
tel.: (11) 3331-0536 / 3331-9662 – fax: (11) 3331-0989
e-mail: bookmix@uol.com.br

Superpedido Comercial S.A.
Fantasia – Superpedido Tecmedd
Av. Pref. João Vila Lobo Quero, 2.253 – galpão 5 – 1º andar – Jd. Belval Cidade
06422-122 – Barueri – SP
tel.: (11) 3537-8052/8053 – fax: (11) 3472-1881

RIO DE JANEIRO
Editora Senac Rio
Rua Marquês de Abrantes, 99/2º andar – Flamengo
22230-060 – Rio de Janeiro – RJ
tel.: (21) 3138-1385/3138-1512
e-mail: comercial.editora@rj.senac.br

PORTUGAL
Dinalivro Distribuidora de Livros Ltda.
Rua João Ortigão Ramos, 17-A
1500-362 – Lisboa – Portugal
tel.: (00-21-351-21) 712-2210 – fax: (00-21-351-21) 715-3774
e-mail: comercial@dinalivro.pt

REPRESENTANTES COMERCIAIS:
AL-AM-PA-MA-PI-CE-RN-PB-PE
Gabriel de Barros Catramby
Rua Major Armando de Souza Melo, 156, ap.153
51130-040 – Boa Viagem Recife – PE
tel./fax: (81) 3341-6308 – Sra. Neide Barros e Sr. Gabriel de Barros Catramby
e-mail: gabrielcatramby@terra.com.br

MINAS GERAIS
Gilsan Representações Ltda.
Rua Cento e Trinta e Seis, 509 – Jd. Laguna
32140-400 – Contagem – MG
tel./fax: (31) 3393-7368 – Sr. Gil Aurélio
e-mail: gilsaldanha@ibest.com.br

Conheça os outros títulos da coleção *Para não especialistas*

Esperamos que você aproveite bem as dicas deste livro.

Em caso de dúvida, não se preocupe, nós estamos à sua disposição no site www.marqueteiro.com.br.

Lá, você pode acessar as respostas dos exercícios e ainda bater um papo conosco, em chats programados.

Se quiser enviar um e-mail, nossos endereços são:

duro@marqueteiro.com.br e bonavita@marqueteiro.com.br.

Bom marketing para você!

A Editora Senac Rio de Janeiro publica livros nas áreas de Administração e Negócios, Beleza e Estética, Ciências Humanas, Comunicação e Artes, Desenvolvimento Social, Design, Educação, Turismo e Hotelaria, Gastronomia e Enologia, Informática, Meio Ambiente, Moda e Saúde.

Visite o site www.rj.senac.br/editora, escolha os títulos de sua preferência e boa leitura.

Fique atento aos nossos próximos lançamentos!

À venda nas melhores livrarias do país.

Editora Senac Rio de Janeiro
comercial.editora@rj.senac.br
Disque-Senac: (21) 4002-2002

Este livro foi composto na tipografia Giovanni Book 10.5/16 e impresso pela Finaliza Editora e Indústria Gráfica Ltda., em papel *offset* 90g/m², para a Editora Senac Rio de Janeiro, em julho de 2013.